Das VEGANE KOCHBUCH *für Festtage*

Nadja Kovalski

Nadja Kovalski

Das VEGANE KOCHBUCH *für Festtage*

Feierliche Rezepte und Menüs für Geburtstag, Weihnachten, Ostern und mehr

riva

Bibliografische Information der Deutschen Nationalbibliothek
Die Deutsche Nationalbibliothek verzeichnet diese Publikation in der Deutschen Nationalbibliografie. Detaillierte bibliografische Daten sind im Internet über https://dnb.de abrufbar.

Für Fragen und Anregungen
info@m-vg.de

Wichtiger Hinweis
Ausschließlich zum Zweck der besseren Lesbarkeit wurde auf eine genderspezifische Schreibweise sowie eine Mehrfachbezeichnung verzichtet. Alle personenbezogenen Bezeichnungen sind somit geschlechtsneutral zu verstehen.

Originalausgabe
1. Auflage 2023

Türkenstraße 89
80799 München
Tel.: 089 651285-0
Fax: 089 652096

Redaktion: Caroline Kazianka
Umschlaggestaltung: Isabella Dorsch
Umschlagabbildungen und Abbildungen Innenteil: Nadja Kovalski
Satz: inpunkt[w]o, Wilnsdorf (www.inpunktwo.de)
Druck: Florjančič Tisk d.o.o., Slowenien
Printed in the EU

ISBN Print 978-3-7423-2477-1
ISBN E-Book (PDF) 978-3-7453-2257-6
ISBN E-Book (EPUB, Mobi) 978-3-7453-2258-3

Wir produzieren nachhaltig
www.m-vg.de

Weitere Informationen zum Verlag finden Sie unter
www.rivaverlag.de
Beachten Sie auch unsere weiteren Verlage unter www.m-vg.de

INHALT

6
VORWORT

7
TIPPS FÜR EINE VEGANE FESTTAFEL

8
TIPPS FÜR EIN GELUNGENES FEST

11
FEINE VORSPEISEN

29
HERRLICHE HAUPTGERICHTE

87
HIMMLISCHE DESSERTS

111
EXQUISITE DRINKS

123
GENUSSVOLLER FESTTAGSBRUNCH

133
MENÜVORSCHLÄGE

140
REZEPTREGISTER

142
ZUTATENREGISTER

VORWORT

Hallo an alle Menschen, die sich für mein kleines, kostbares Buch entschieden haben und gerade auf dieser Seite angelangt sind.

Mein Name ist Nadja und ich bin die Person hinter »Kovalski – voll vegan – voll deftig« (ehemals veganmum.foodblog). Ich habe es mir zur Aufgabe gemacht, diejenigen Menschen zu unterstützen, die aus ethisch-moralischen Gründen auf eine pflanzlich-vegane Ernährungsweise umsteigen möchten. Diejenigen, die den Geschmack tierischer Produkte schätzen und so aufgrund tiefgreifender Veränderung hin und wieder Schwierigkeiten mit dem Verzicht haben.

So entstehen seit 2020 deftige Rezepte, die mit gesundem Fleischersatz und herzhaften Rezepturen Erleichterung bei der Umstellung schaffen sollen.

Dieses Buch legt ein besonderes Augenmerk auf die gesellschaftlich-traditionellen Anlässe in unserem Leben. Denn auch Weihnachten, Geburtstage, Grillpartys, Ostern und andere Festlichkeiten dürfen pflanzlich bekocht werden. So stelle ich euch auf den folgenden Seiten Rezepte vor, die besonders an solchen Tagen Freude machen und alle Lieblingsmenschen an einen Tisch bringen. Wir bereiten deftige Braten zu, genießen cremige Vorspeisen und futtern uns durch endlos leckere Desserts. Auch den einen oder anderen Drink soll es geben, so dürfen die Kids alkoholfreie Mojito schlürfen, während die Erwachsenen sich für einen alkoholhaltigen Cocktail entscheiden. Und wenn es kälter wird und wir uns nach Gemütlichkeit und Wärme sehnen, gibt es auch hier ganz wundervolle Rezepturen, die das Herz umarmen.

TIPPS FÜR EINE VEGANE FESTTAFEL

Die Zubereitung einiger veganer Gerichte wie beispielsweise Braten erfordern manchmal etwas mehr Zeit und Aufwand als bei traditionellen Feierlichkeiten. Es kann hilfreich sein, im Voraus zu planen und einige Gerichte vorzubereiten, um den Stress am Tag der Veranstaltung zu minimieren. Ich empfehle dir auch, die Gerichte vorab einmal probezukochen. So stellst du schnell fest, wo es etwas tricky wird und ob du Extrazeit einplanen solltest.

Außerdem kann es zuvorkommend sein, die Gäste über die veganen Gerichte zu informieren und eventuell auf für sie ungewohnte Zutaten einzugehen. Bei großen Festen wie Hochzeiten kann es hilfreich sein, eine Liste der verwendeten Lebensmittel bereitzustellen, um eventuelle Allergien oder Unverträglichkeiten zu berücksichtigen.

Wenn ich familiäre Zusammenkünfte oder Treffen mit engen Freunden plane, erwähne ich kaum noch das vegane Essen. Hier ist mir am Ende nicht die Ernährungsweise wichtig, vielmehr sollte im Vordergrund stehen, dass die Gäste mit viel Liebe und Hingabe bekocht werden und es ihnen schlussendlich allen schmeckt.

TIPPS FÜR EIN GELUNGENES FEST

Neben den vielfältigen Rezepten aus diesem Buch möchte ich euch zusätzlich noch eine kleine Übersicht an (aus meiner Sicht) nützlichen Tipps zur Vorbereitung einer gelungenen Feierlichkeit stellen.

In diesem Sinne: Gutes Gelingen und eine wundervolle Zeit mit euren Herzensmenschen!

- Um ein ausgewogenes und proteinreiches Menü zusammenzustellen, denke an die Verwendung von Nüssen, Hülsenfrüchten, Tofu, Tempeh und Samen.
- Die Kids sind und bleiben einfach sehr wählerisch. Gerichte wie Pasta oder Pizzen kommen auch in veganer Variante immer gut an.
- Natürliche und unverarbeitete Zutaten: Vermeide verarbeitete Lebensmittel und greife stattdessen auf natürliche und unverarbeitete Zutaten zurück, um gesunde und nahrhafte Gerichte zuzubereiten.
- Rezepte und Inspiration: Nutze diese und andere vegane Kochbücher, Websites und Blogs, um Rezepte und Inspiration für deine Feier zu finden. Es gibt viele kreative und köstliche vegane Gerichte, die deine Gäste begeistern werden.
- Getränkeauswahl: Denke auch an eine Auswahl an veganen Getränken wie Säfte, Limonaden, Wein oder Bier. Überprüfe die Etiketten, um sicherzustellen, dass sie vegan sind. Viele Weine beispielsweise sind leider nicht vegan.

- Planung: Plane im Voraus und bereite einige Gerichte vor, um den Stress am Tag der Feier zu minimieren. Du kannst auch überlegen, ob du bestimmte Gerichte oder Aufgaben delegieren möchtest, um die Arbeit aufzuteilen.
- Dekoration: Falls du auch bei allen anderen Materialien vegan ausstatten möchtest, achte auf tierfreundliche Dekorationen. Verwende zum Beispiel keine Kerzen aus Bienenwachs oder Seidenstoffe.

FEINE VORSPEISEN

SÜSSKARTOFFEL-QUINOA-SALAT

Zubereitung: 15 Minuten • Backzeit: 20 Minuten

ZUTATEN FÜR 4 PORTIONEN

FÜR DEN SALAT

1,2 kg (2 große) Süßkartoffeln

2 EL Olivenöl

1 Prise Chilipulver

je ½ TL Salz und Pfeffer

50 g Quinoa

100 g Babyspinat

1 Bund frischer Koriander

400 g rote Linsen (aus der Dose)

FÜR DAS DRESSING

1 Knoblauchzehe

70 g Tahin

Saft von 1 Limette

1 EL Ahornsirup

3 EL Wasser

1 EL heller Balsamicoessig

Salz und Pfeffer

1. Backofen auf 180 °C Ober-/Unterhitze vorheizen.
2. Süßkartoffeln schälen und in 1–2 cm große Würfel schneiden. Auf ein Backblech geben und mit Olivenöl beträufeln. Mit Chili, Salz und Pfeffer würzen und 20 Minuten backen.
3. Quinoa in ein Sieb geben, waschen, abtropfen lassen und nach Packungsanweisung zubereiten.
4. Babyspinat waschen und hacken. Koriander waschen, trocken schütteln und die Blätter vom Stiel lösen. Linsen in ein Sieb abgießen und abtropfen lassen.
5. Für das Dressing Knoblauch schälen und in eine kleine Schüssel raspeln. Tahin, Limettensaft, Ahornsirup, Wasser, Balsamicoessig zufügen und verrühren. Mit Salz und Pfeffer abschmecken.
6. Linsen, Quinoa, Spinat, Koriander und Süßkartoffeln in einer Salatschüssel vermischen. Das Dressing unterheben.

BLUMENKOHL-APFEL-SÜPPCHEN

Zubereitung: 30 Minuten

ZUTATEN FÜR 4 PORTIONEN

FÜR DIE SUPPE

1 Blumenkohl
2 Äpfel
4 Frühlingszwiebeln
3 EL Olivenöl
1 Prise Salz
800 ml Gemüsebrühe
1 EL Zitronensaft
400 ml Kokosmilch
2 Prisen geriebene Muskatnuss
Salz und Pfeffer

FÜR DAS TOPPING

2 Handvoll Frühlingszwiebeln, geschnitten
1 EL Olivenöl
30 g Kürbiskerne

1. Blumenkohlröschen vom Strunk lösen und waschen. Den Strunk putzen, waschen und fein würfeln. Äpfel schälen, waschen, entkernen und würfeln. Frühlingszwiebeln putzen, waschen und hacken.
2. Für das Topping Olivenöl in einer Pfanne erhitzen und die Hälfte des gehackten Blumenkohlstrunks sowie 2 kleine Röschen und 2 Handvoll Frühlingszwiebeln darin scharf anbraten. Dann beiseitestellen.
3. In derselben Pfanne die Kürbiskerne ohne Fett anrösten. Ebenfalls beiseitestellen.
4. Für die Suppe Olivenöl in einem Topf erhitzen. Die restlichen Blumenkohlröschen, die andere Hälfte gehackten Strunk, die Äpfel sowie die restlichen Frühlingszwiebeln darin scharf anbraten. Mit 1 Prise Salz würzen.
5. Die Brühe, Zitronensaft und Kokosmilch hinzugeben und Suppe 10 Minuten köcheln lassen.
6. Mit einem Stabmixer zu einer cremigen Suppe pürieren und mit Muskat, Salz und Pfeffer abschmecken.
7. Suppe in 4 Teller füllen, mit Kürbiskernen, gehacktem Blumenkohlstrunk, gebratenen Blumenkohlröschen und Frühlingszwiebeln als Topping garnieren.

VEGANER KNUSPER-CAMEMBERT MIT CRANBERRYKONFITÜRE

Zubereitung: 40 Minuten

ZUTATEN FÜR 4 PORTIONEN

FÜR DIE CRANBERRYKONFITÜRE

200 ml Rotwein

50 ml Cranberrysaft

2½ EL Kokosblütenzucker

½ EL heller Balsamicoessig

90 g getrocknete Cranberrys

Salz und Pfeffer

FÜR DIE PANADE

150 ml Haferdrink

100 g Speisestärke

5 EL heller Sesam

150 g grobes Paniermehl

FÜR DEN CAMEMBERT

2 Stück veganer Camembert

100 ml Rapsöl

1. Für die Cranberrykonfitüre Rotwein, Cranberrysaft, Kokosblütenzucker, Balsamicoessig und 70 g der getrockneten Cranberrys in einem Topf zum Kochen bringen und dann 30 Minuten köcheln lassen. Mit einem Stabmixer zu einer Konfitüre pürieren.
2. Die restlichen getrockneten Cranberrys untermischen und die Konfitüre mit Salz und Pfeffer abschmecken. Sie dickt an, wenn sie gänzlich ausgekühlt ist.
3. Für die flüssige Panade Haferdrink und Speisestärke in einem tiefen Teller verrühren.
4. Sesam und Paniermehl in einem zweiten Teller vermengen.
5. Camembert in 8 kleine Dreiecke schneiden und diese jeweils erst in der flüssigen, dann in der trockenen Panade wenden. Vorgang wiederholen und mit den restlichen Camembertecken ebenso verfahren.
6. Rapsöl in einem tiefen Topf erhitzen und den Camembert darin frittieren, bis er schön knusprig ist.

SPARGEL-ERDBEER-SALAT MIT VETA UND PINIENKERNEN

Vorbereitung: 10 Minuten • Zubereitung: 5 Minuten

ZUTATEN FÜR 4 PORTIONEN

FÜR DEN SALAT

400 g grüner Spargel
300 g Erdbeeren
3 Frühlingszwiebeln
3 Stängel Basilikum
1 Bund Koriander
120 g Rucola
50 g Pinienkerne
150 g veganer Feta
Salz

FÜR DAS DRESSING

3 EL weißer Balsamicoessig
3 EL Orangensaft
1 TL Ahornsirup
1 TL Senf
2 EL Olivenöl
Salz und Pfeffer

AUSSERDEM

Balsamicocreme

1. Spargel waschen, die Enden abschneiden und die Stangen in mundgerechte Stücke schneiden. Erdbeeren waschen, entstielen und halbieren. Frühlingszwiebeln putzen, waschen und hacken. Basilikum und Koriander waschen, trocken schütteln und ebenfalls hacken. Rucola waschen und trocken schütteln.
2. Pinienkerne in einer Pfanne ohne Fett rösten. Veta in Stücke zerteilen.
3. Spargel in einem Topf mit Salzwasser 3 Minuten garen. Dann durch ein Sieb abgießen und abkühlen lassen.
4. Für das Dressing Balsamico, Orangensaft, Ahornsirup, Senf und Olivenöl in einer Schüssel verrühren. Mit Salz und Pfeffer abschmecken.
5. Die vorbereiteten Zutaten in einer Salatschüssel vermengen und das Dressing unterheben. Zum Servieren mit Balsamicocreme garnieren.

KARTOFFEL-MANDEL-SUPPE

Zubereitung: 25 Minuten

ZUTATEN FÜR 4 PORTIONEN

FÜR DIE SUPPE

600 g Kartoffeln

1 Zwiebel

2 Knoblauchzehen

4 EL pflanzliches Schmalz

1,2–1,3 l Brühe

2 EL heller Balsamicoessig

200 ml Sojasahne

3 EL Hefeflocken

100 g Mandelmehl

1 TL Kokosblütenzucker

Salz und Pfeffer

FÜR DAS TOPPING

½ EL Rapsöl

2 Handvoll Mandelstifte

1 Bund Schnittlauch

1. Kartoffeln schälen, waschen und würfeln. Zwiebel und Knoblauch schälen und grob hacken.
2. Schmalz in einem Topf erhitzen und Zwiebel, Knoblauch und Kartoffeln darin scharf anbraten.
3. Brühe zugießen (zunächst 1,2 l), dann Balsamico, Sojasahne, Hefeflocken, Mandelmehl und Kokosblütenzucker einrühren und alles 10 Minuten köcheln lassen (bis die Kartoffeln gar sind).
4. Suppe mit einem Stabmixer pürieren, dabei je nach gewünschter Konsistenz noch etwas Brühe zugeben. Mit Salz und Pfeffer abschmecken.
5. Für das Topping Rapsöl in einer Pfanne erhitzen und die Mandelstifte darin 2 Minuten anbraten.
6. Schnittlauch waschen, trocken schütteln und in Röllchen schneiden.
7. Suppe mit Schnittlauch und Mandelstiften garniert servieren.

BRUSCHETTA MIT BALSAMICO-PILZEN

Zubereitung: 35 Minuten

ZUTATEN FÜR 4 PORTIONEN

FÜR DIE BRUSCHETTA

150 g Cashewkerne
200 g Tofu
2 EL Zitronensaft
4 TL Cashewmus oder Mandelmus
2 EL Olivenöl
60–80 ml Haferdrink
2 EL Hefeflocken
1 TL Agavendicksaft
1–2 TL Salz
1 Baguette

FÜR DIE PILZE

200 g Champignons
3 Knoblauchzehen
2 EL pflanzliches Schmalz
5 EL dunkler Balsamicoessig
4 EL Kokosblütenzucker
Salz und Pfeffer

FÜR DAS TOPPING

Rucola oder Sprossen nach Belieben

1. Cashewkerne in einen Topf geben, so viel Wasser zufügen, dass sie damit bedeckt sind. Cashews 20 Minuten köcheln lassen, dann durch ein Sieb abgießen.
2. Tofu mit den Fingern zerkrümeln und mit Zitronensaft, Cashews, Cashewmus, Olivenöl, Haferdrink (zunächst 60 ml), Hefeflocken, Agavendicksaft und Salz in einem Standmixer zu einer Ricotta-ähnlichen Textur pürieren. Bei Bedarf mehr Haferdrink zugeben.
3. Pilze säubern und in Scheiben schneiden. Knoblauch schälen und raspeln.
4. Schmalz in einer Pfanne erhitzen und die Pilze darin scharf anbraten, bis sie Farbe annehmen. Balsamico, Knoblauch und Kokosblütenzucker hinzugeben und 3 Minuten mitbraten. Pilze mit Salz und Pfeffer abschmecken.
5. Für das Topping Rucola oder Sprossen waschen und trocken tupfen.
6. Das Baguette in Scheiben schneiden und diese mit Cashew-Ricotta, Pilzen und Sprossen bzw. Rucola belegen.

SOMMERLICHER WASSERMELONENSALAT MIT VETA

Zubereitung: 15 Minuten

ZUTATEN FÜR 6 PORTIONEN

FÜR DEN SALAT

2 Salatgurken

800 g Wassermelone

1 rote Zwiebel

100 g veganer Feta

5 Stängel frische Minze

FÜR DAS DRESSING

1 EL heller Balsamicoessig

2 TL Senf

1 TL Ahornsirup

3 EL Olivenöl

Salz und Pfeffer

1. Gurken waschen, putzen und würfeln. Die Schale von der Wassermelone entfernen und das Fruchtfleisch ebenfalls in Würfel schneiden. Zwiebel schälen und fein hacken. Veganen Feta mit den Fingern zerkrümeln. Minze waschen, trocken schütteln und hacken. Ein paar Blätter zum Dekorieren beiseitestellen.
2. Die vorbereiteten Zutaten in einer Salatschüssel vermengen.
3. Für das Dressing Balsamico, Senf, Ahornsirup und Olivenöl in einer Schüssel verrühren. Mit Salz und Pfeffer abschmecken.
4. Dressing unter den Salat heben und den Salat zum Servieren mit den beiseitegelegten Minzeblättern garnieren.

DEFTIGER KARTOFFEL-SALAT MIT TOFU-SPECK

Zubereitung: 30 Minuten • Ziehzeit: 60 Minuten

ZUTATEN FÜR 4 PORTIONEN

FÜR DEN SALAT

800 g festkochende Kartoffeln

2 rote Zwiebeln

1 Bund Petersilie

2 EL Rapsöl

70 ml Gemüsebrühe

Salz und Pfeffer

FÜR DAS DRESSING

2 TL Senf

2 EL heller Balsamicoessig

1 EL Zitronensaft

2 Prisen Zucker

Salz und Pfeffer

FÜR DEN TOFU-SPECK

200 g Räuchertofu

2 TL Sojasauce

1 TL edelsüßes Paprikapulver

1 TL Ahornsirup

1 EL Speisestärke

2 EL Rapsöl

1. Kartoffeln in 15 Minuten in einem Topf mit Wasser weich kochen. Herausnehmen, abkühlen lassen, pellen und in Scheiben schneiden. Dann in eine Salatschüssel geben.
2. Zwiebeln schälen und hacken. Petersilie waschen, trocken schütteln und fein hacken.
3. Rapsöl in einem Topf erhitzen und die Zwiebeln darin 2 Minuten andünsten. Mit Brühe ablöschen und kurz aufkochen lassen. Topf vom Herd nehmen.
4. Für das Dressing Senf, Balsamico, Zitronensaft, Zucker, Salz und Pfeffer in einer Schüssel verrühren.
5. Für den Tofu-Speck den Tofu in 0,5–1 cm große Würfel schneiden. In einer Schüssel mit Sojasauce, Paprikapulver und Ahornsirup vermengen. Die Speisestärke darüberstreuen und kurz unterheben.
6. Rapsöl in einer Pfanne erhitzen und den Tofu-Speck darin so lange braten, bis er knusprig ist und bräunt.
7. Petersilie, Zwiebeln mit Brühe, Dressing und Tofu-Speck zu den Kartoffeln in die Schüssel geben, vorsichtig vermengen und Salat 1 Stunde ziehen lassen. Mit Salz und Pfeffer abschmecken.

HERRLICHE HAUPT-GERICHTE

VEGANE ROULADEN MIT CRANBERRYSAUCE

Zubereitung: 35 Minuten • Backzeit: 20 Minuten

ZUTATEN FÜR 4 PORTIONEN

FÜR DIE ROULADEN

2 Zwiebeln

5 Gewürzgurken

4 getrocknete Soja-Big-Steaks

5 EL Senf

5 EL Cranberrykonfitüre (siehe Seite 16)

2 EL Rapsöl

FÜR DIE CRANBERRYSAUCE

4 EL Cranberrykonfitüre (siehe Seite 16)

150 ml Rotwein

4 EL Sojasauce

3 EL Senf

3 EL Tomatenmark

900 ml Wasser

2 Lorbeerblätter

Salz und Pfeffer

4 TL Speisestärke

2 EL Zitronensaft

1. Zwiebeln schälen und in Streifen schneiden. Gewürzgurken in Scheiben schneiden.
2. Für die Sauce Konfitüre, Rotwein, Sojasauce, Senf, Tomatenmark, Wasser, Lorbeerblätter, ½ TL Salz und Pfeffer in einem Topf mit einem Schneebesen verrühren. Die Soja-Big-Steaks zugeben und 10 Minuten köcheln lassen.
3. Sojasteaks herausnehmen und mit einem Nudelholz platt rollen.
4. Speisestärke in einer Tasse mit dem Zitronensaft verrühren und die Mischung zu der Sauce in den Topf geben. Weitere 15 Minuten köcheln lassen.
5. Backofen auf 180 °C Ober-/Unterhitze vorheizen.
6. Soja-Big-Steaks jeweils mit Senf und Konfitüre bestreichen. Am unteren kurzen Ende Gewürzgurkenscheiben und Zwiebelstreifen auf den Steaks verteilen. Steaks zu Rouladen aufrollen und mit Zahnstochern feststecken.
7. Rapsöl in einer Pfanne erhitzen und die Rouladen darin rundum anbraten. Dann in eine Auflaufform oder ofenfeste Pfanne setzen und mit der Sauce begießen. 20 Minuten im Ofen backen.

Dazu passen Semmelknödel (siehe Rezept nächste Seite).

SEMMELKNÖDEL

Vorbereitung: 20 Minuten • Zubereitung: 20 Minuten

ZUTATEN FÜR 5 KNÖDEL

- 300 g Brötchen
- 200 ml Haferdrink
- 1 Bund Petersilie
- 1 Zwiebel
- 2 EL Rapsöl
- 5 EL Kartoffelstärke
- 4 EL Semmelbrösel
- 1 Prise geriebene Muskatnuss
- 2 TL Salz
- 1 TL Pfeffer

1. Brötchen in kleine Würfel schneiden, in eine Schüssel geben und mit Haferdrink begießen. Brot vollsaugen lassen und anschließend mit der Hand gut ausdrücken. Überschüssigen Haferdrink abgießen und entsorgen.
2. Petersilie waschen, trocken schütteln und fein hacken.
3. Zwiebel schälen und hacken. Rapsöl in einer Pfanne erhitzen und die Zwiebel darin anschwitzen.
4. Zwiebel, Petersilie, Kartoffelstärke, Semmelbrösel, Muskat, Salz und Pfeffer zu den Brötchen geben und gut verkneten. Aus dem Teig 5 Knödel formen
5. Wasser in einem ausreichend großen Topf zum Kochen bringen. Dann die Hitze reduzieren, sodass das Wasser kurz vor dem Siedepunkt ist, aber nicht mehr kocht. Die Knödel hineingeben und so lange garen, bis sie oben schwimmen.
6. Mit einer Schöpfkelle herausnehmen und servieren.

DEFTIGES PILZGULASCH MIT RÄUCHERTOFU

Marinieren: 30 Minuten • Zubereitung: 30 Minuten

ZUTATEN FÜR 4 PORTIONEN

400 g Räuchertofu
1 EL Sojasauce
1 rote Zwiebel
400 g Champignons
1 große Karotte
1 Bund frischer Thymian
1 Bund frische Petersilie
6 EL Olivenöl
1 EL getrockneter Oregano
5 EL Tomatenmark
2 TL Speisestärke
300 ml Sojadrink
200 ml Gemüsebrühe
½ EL heller Balsamicoessig
2 TL Zwiebelpulver
2 TL geräuchertes Paprikapulver
Salz und Pfeffer

1. Räuchertofu klein würfeln, in eine Schüssel geben, mit der Sojasauce beträufeln und 30 Minuten marinieren.
2. Zwiebel schälen und hacken. Champignons säubern und in Scheiben schneiden. Karotte putzen, schälen und würfeln. Thymian waschen, trocken schütteln, die Blättchen abzupfen und grob hacken. Petersilie ebenfalls waschen, trocken schütteln und hacken.
3. 2 EL Olivenöl in einer Pfanne erhitzen und Zwiebel, Champignons, Karotte, Thymian, Oregano und Tomatenmark darin scharf anbraten, bis die Pilze zusammenfallen. Weitere 2 EL Olivenöl in die Pfanne geben und alles 3 Minuten braten.
4. Speisestärke gut einrühren. Mit Sojadrink, Brühe und Balsamicoessig ablöschen. 10 Minuten köcheln lassen.
5. Währenddessen in einer kleinen Pfanne das restliche Olivenöl erhitzen und den Tofu in 4 Minuten braun braten. Zum Ende der Kochzeit zu den Champignons geben. Zwiebelpulver und Paprikapulver einrühren. Mit Salz und Pfeffer abschmecken und Petersilie unterheben.

RACLETTE

Vorbereitung: 30 Minuten

ZUTATEN FÜR 4 PERSONEN (JE 2 PFÄNNCHEN)

FÜR DEN VEGANEN BACON

7 Stück Reispapier

2 EL Öl

3 EL Sojasauce

½ EL Ahornsirup

1 TL edelsüßes Paprikapulver

1 TL Zwiebelpulver

1 TL Knoblauchpulver

1. Für den Bacon Reispapier mit einer Schere in 2–3 cm breite Scheiben schneiden.
2. Heißes Wasser in einen tiefen Teller füllen und die Reispapierstücke darin einzeln für ca. 15 Sekunden einweichen. Herausnehmen und auf einem mit Backpapier ausgelegten Backblech platzieren.
3. Backofen auf 180 °C Ober-/Unterhitze vorheizen.
4. Öl, Sojasauce, Ahornsirup, Paprikapulver, Zwiebelpulver und Knoblauchpulver in einer Schüssel vermengen und die Reispapierstücke damit bestreichen.
5. 5–8 Minuten im Ofen backen, dabei immer wieder nachschauen, der Bacon kann schnell verbrennen.
6. Alternativ kann der Reispapier-Bacon auf dem Stein des Raclette-Grills gebraten werden.

FÜR DIE KLASSISCHE PFANNE

- 2 Stück rote Zwiebeln, geschält, in Ringen
- 5 Stück Fleischtomaten, in Scheiben
- 500 g festkochende Kartoffeln, gekocht, in Scheiben
- 8 Stück vegane Käsescheiben
- Salz und Pfeffer

1. Zutaten nach Belieben im Raclette-Pfännchen schichten. Final die Käsescheiben darauf verteilen.
2. Mit Salz und Pfeffer würzen.

FÜR DIE PFANNE HAWAII

- 1 EL Olivenöl
- 250 g Räuchertofu, gewürfelt
- 2 Stück rote Zwiebeln, geschält, in Ringen
- 8 Scheiben Ananas (aus der Dose)
- 2–3 EL Preiselbeermarmelade
- 8 Stück vegane Käsescheiben
- Salz und Pfeffer

1. Olivenöl in einer Pfanne erhitzen und die Räuchertofuwürfel so lange braten, bis sie bräunen und leicht knusprig werden.
2. Zutaten nach Belieben im Raclette-Pfännchen schichten. Final die Käsescheiben darauf verteilen.
3. Mit Salz und Pfeffer würzen.

FÜR DIE PIZZA-PFANNE

- 1 Rolle veganer Pizzateig
- 1 Tube Tomatenmark
- 1 EL Rapsöl
- 400 g veganes Hackfleisch
- 200 g Champignons, in Scheiben
- 1 Dose Mais, abgetropft
- 4 EL schwarze, ensteinte Oliven, in Scheiben
- 150 g veganer Pizzakäse
- 1–2 EL getrockneter Oregano
- Salz und Pfeffer

WEITERE PFANNENZUTATEN:

- eingelegte Gurken
- Oliven
- Avocado
- Cherrytomaten
- frisches Brot
- Kräuterbutter
- Tofuwürstchen

1. Den Pizzateig ausrollen und in Form der Raclette-Pfannen zuschneiden. Den Pizzateig auf 8 Pfännchen verteilen und auslegen. Mit Tomatenmark bestreichen.
2. Öl in einer Pfanne erhitzen. Das Hackfleisch 2 Minuten anbraten.
3. Die restlichen Zutaten nach Belieben auf den Teig schichten und final den Streukäse darauf verteilen.
4. Mit Oregano, Salz und Pfeffer abschmecken.

PILZRAGOUT MIT WILDREIS UND CRANBERRYSAUCE

Zubereitung: 40 Minuten

ZUTATEN FÜR 4 PORTIONEN

FÜR DAS RAGOUT

200 g Champignons
200 g Kräuterseitlinge
1 Zwiebel
200 g Austernpilze
100 g veganer Butterersatz
1 Prise Meersalz
2 TL Speisestärke
100 ml Weißwein
200 ml vegane Sahne
Salz und Pfeffer
300 ml Gemüsebrühe
4 EL frische Petersilie, gehackt
3 EL frischer Dill, gehackt

1. Champignons säubern und vierteln. Kräuterseitlinge säubern und der Länge nach in Scheiben schneiden. Zwiebel schälen und hacken. Austernpilze säubern und zerkleinern.
2. Vegane Butter in einer Pfanne erhitzen und Champignons, Kräuterseitlinge und Austernpilze darin so lange scharf anbraten, bis sie zusammenfallen und die Flüssigkeit verkocht ist. Meersalz hinzugeben.
3. Zwiebel und Speisestärke zufügen und alles weitere 3 Minuten braten.
4. Weißwein, vegane Sahne, ½ TL Salz, ½ TL Pfeffer und Brühe in einer Schüssel vermengen und zu den Pilzen in die Pfanne gießen. 15 Minuten bei geringer Hitze köcheln lassen.
5. In der Zwischenzeit den Wildreis nach Packungsangabe zubereiten.

FÜR DIE CRANBERRYSAUCE

2 Bio-Orangen

200 g getrocknete Cranberrys

100 ml Wasser

150 g Zucker

AUSSERDEM

250 g Wildreis

6. Für die Sauce 1 Orange waschen, abtrocknen und 1 EL Schale abreiben. Beide Orangen auspressen. Saft, Abrieb, Cranberrys, Wasser und Zucker in einem Topf zum Kochen bringen. 15 Minuten bei mittlerer Hitze einkochen lassen. Anschließend mit einem Stabmixer pürieren.
7. Zum Ende der Kochzeit Petersilie und Dill in das Ragout geben. Ragout mit Salz und Pfeffer abschmecken und mit Wildreis und Cranberrysauce servieren.

WELLINGTON-SEITANBRATEN MIT ORANGENSAUCE

Einweichen: 15 Minuten • Zubereitung: 25 Minuten • Backzeit: 40 Minuten

ZUTATEN FÜR 6 PORTIONEN

FÜR DEN TEIG

200 g Seitan-Fix
2 EL Hefeflocken
2 EL Tomatenmark
2 EL Senf
50 ml Sojasauce
120 ml Gemüsebrühe
2 TL Knoblauchpulver
1 EL Ahornsirup
1 veganer Blätterteig

1. Für den Seitanteig Seitan-Fix, Hefeflocken, Tomatenmark, Senf, Sojasauce, Brühe, Knoblauchpulver und Ahornsirup in einer Schüssel vermengen und die Masse 3 Minuten mit den Händen durchkneten. Der Teig wird mit dem Kneten zäher.
2. Für die Füllung Zwiebel und Knoblauch schälen und hacken. Champignons säubern und ebenfalls fein hacken. Thymian und Petersilie waschen und trocken schütteln. Die Thymianblättchen von den Stängeln abziehen und wie die Petersilie hacken.
3. Getrocknete Pilze 15 Minuten in einer Schüssel mit heißem Wasser einweichen. Anschließend ausdrücken und hacken.
4. Backofen auf 180 °C Ober-/Unterhitze vorheizen.
5. Für die Füllung vegane Butter in einer Pfanne erhitzen und Zwiebel, Knoblauch, Champignons, getrocknete Steinpilze und Thymian darin scharf anbraten, bis die Champignons zusammenfallen. Frischkäse und Petersilie unterheben und mit Salz und Pfeffer abschmecken. 5 Minuten köcheln lassen.

FÜR DIE FÜLLUNG

1 Zwiebel

3 Knoblauchzehen

300 g Champignons

7 Stängel Thymian

1 Bund Petersilie

20 g getrocknete Steinpilze

50 g veganer Buttererersatz

150 g veganer Frischkäse

Salz und Pfeffer

ZUM EINPINSELN

2 EL Sojadrink

1 TL gemahlene Kurkuma

FÜR DIE ORANGENSAUCE

1 Bio-Orange

3 EL Sojasauce

200 ml Gemüsebrühe

100 ml Sojasahne

2 TL Ahornsirup

1 TL Speisestärke

2 EL Rapsöl

Salz und Pfeffer

6. Den Blätterteig auf einem Backblech mit Backpapier ausrollen.
7. Seitanteig mit einer Teigrolle und den Händen auf einer glatten Arbeitsfläche zu einem Rechteck (1 cm dick) formen. Er sollte rundum ca. 1 cm kleiner sein als der Blätterteig. Seitanteig auf den Blätterteig legen. Die Füllung mittig darauf verteilen und dann die äußeren kurzen Seiten leicht über die Füllung klappen. Eine lange Seite über die Füllung legen und den Teig stramm aufrollen.
8. Die Oberfläche des Bratens in kleinen Quadraten leicht einschneiden. Sojadrink und Kurkuma in einer Tasse verrühren und den Braten damit einpinseln. 40 Minuten im Ofen backen.
9. Für die Orangensauce die Orange waschen, abtrocknen und die Schale abreiben. Die Orange auspressen.
10. Sojasauce, Orangensaft, Brühe, Sojasahne, Ahornsirup und Speisestärke in einer Schüssel verrühren.
11. Rapsöl in einem Topf erhitzen und den Orangenabrieb darin 1 Minute anbraten. Die Sauce hinzugießen und 10 Minuten bei geringer Hitze köcheln lassen. Mit Salz und Pfeffer abschmecken. Den Braten mit der Sauce servieren.

AUSTERNPILZ-SPARGEL-SPIESSE

Marinieren: 1–8 Stunden • Zubereitung: 20 Minuten

ZUTATEN FÜR 4–6 SPIESSE

FÜR DIE MARINADE

1 Zwiebel

3 Knoblauchzehen

6 EL Rapsöl

5 EL Sojasauce

3 EL Zitronensaft

2 EL Ahornsirup

5 EL Hagebuttenkonfitüre

FÜR DIE SPIESSE

400 g Austernpilze

5 Stangen grüner Spargel

FÜR DEN DIP

150 g veganer Feta

1 Bund Petersilie

200 g Sojajoghurt

1 TL Zitronensaft

½ TL Ahornsirup

Salz und Pfeffer

AUSSERDEM

4–6 Edelstahlspieße

1. Für die Marinade Zwiebel schälen und fein hacken. Knoblauch schälen und raspeln. Beides in eine Schüssel geben. Rapsöl, Sojasauce, Zitronensaft, Ahornsirup und Hagebuttenkonfitüre zufügen und mit einem Schneebesen verrühren.
2. Austernpilze säubern. Im Ganzen in die Marinade legen, gut damit überziehen und mindestens 1 Stunde (am besten über Nacht) ziehen lassen.
3. Spargel waschen, die Enden abschneiden und die Stangen dritteln.
4. Austernpilze und Spargel gleichmäßig verteilt auf die Spieße stecken.
5. Für den Dip den veganen Feta mit den Fingern zerkrümeln und in eine Schüssel geben.
6. Petersilie waschen, trocken schütteln und fein hacken. Mit dem Sojajoghurt, Zitronensaft und Ahornsirup zum Feta geben und verrühren. Mit Salz und Pfeffer abschmecken.
7. Spieße von allen Seiten grillen, bis die Pilze schön gebräunt sind. Dabei immer wieder mit etwas Marinade bestreichen. Mit dem Dip servieren.

Dazu passt Kartoffelsalat (siehe Seite 27).

HASSELBACK-SÜSSKARTOFFEL MIT PROTEIN-NUSS-SALAT

Zubereitung: 20 Minuten • Backzeit: 40 Minuten

ZUTATEN FÜR 4 PORTIONEN

FÜR DIE SÜSSKARTOFFELN

- 4 Süßkartoffeln
- 8 Stängel Thymian
- 90 ml Olivenöl
- 2 Schuss heller Balsamicoessig
- 1 TL edelsüßes Paprikapulver
- je 1 Prise Salz und Pfeffer
- 6 EL veganer Parmesan

1. Backofen auf 180 °C Ober-/Unterhitze vorheizen.
2. Süßkartoffeln waschen, zwischen 2 Stäbchen legen und so einschneiden, dass 2–3 mm dicke Scheiben entstehen. Dabei aber nicht durchschneiden. Kartoffeln auf ein mit Backpapier belegtes Blech legen.
3. Thymian waschen, trocken schütteln, die Blättchen von den Stängeln ziehen und hacken.
4. Olivenöl, Balsamico, Thymian und Paprikapulver in einer Schüssel verrühren und die Süßkartoffeln gut damit einpinseln. Mit Salz und Pfeffer bestreuen. Dann die Süßkartoffeln 35–40 Minuten im Ofen backen. Dabei nach der Hälfte der Zeit nochmals mit etwas Ölmischung beträufeln.

FÜR DEN SALAT

400 g Cannellini-Bohnen (aus der Dose)

200 g TK-Edamame

3 Frühlingszwiebeln

1 Knoblauchzehe

1 rote Zwiebel

1 Bund Dill

200 g Cherrytomaten

100 g Rucola

50 g Pinienkerne

30 g Cashewkerne

3 EL Kapern

FÜR DAS DRESSING

3 EL Olivenöl

1 EL italienische TK-Kräuter

2 EL Zitronensaft

1 TL Senf

1 EL Ahornsirup

Salz und Pfeffer

5. Währenddessen für den Salat Cannelloni-Bohnen in ein Sieb abgießen. Edamame auftauen lassen. Frühlingszwiebeln putzen, waschen und hacken. Knoblauch und Zwiebel schälen und ebenfalls hacken. Dill waschen, trocken schütteln und hacken. Cherrytomaten waschen und halbieren. Rucola waschen und trocken schütteln.
6. Pinien- und Cashewkerne in einer Pfanne ohne Fett rösten.
7. Cannelloni-Bohnen, Edamame, Kapern, Frühlingszwiebeln, Knoblauch, Dill, Pinienkerne, Cashews, Zwiebel, Cherrytomaten und Rucola in einer großen Schüssel vermengen.
8. Für das Dressing Olivenöl, italienische Kräuter, Zitronensaft, Senf und Ahornsirup in einer Schüssel verrühren. Mit Salz und Pfeffer abschmecken. Dressing unter den Salat heben.
9. Die heißen Süßkartoffeln mit veganem Parmesan bestreuen und mit dem Salat servieren.

VEGANE KOFTAS MIT WILDREIS

Zubereitung: 60 Minuten • Backzeit: 25 Minuten

ZUTATEN FÜR 4 PORTIONEN

FÜR DIE KOFTAS

600 g mehligkochende Kartoffeln

400 g Tofu

50 g Haferflocken

2 EL Senf

2 EL Zitronensaft

1 TL Kümmelpulver

1 TL Korianderpulver

2 TL geräuchertes Paprikapulver

3 EL Speisestärke

je 1½ TL Salz und Pfeffer

2 EL Rapsöl

1. Kartoffeln schälen, waschen und in einem Topf mit Wasser in 20 Minuten weich kochen.
2. Währenddessen für die Sauce Zwiebel schälen und fein hacken. Knoblauch, Kurkuma und Ingwer schälen und raspeln. Chili waschen, putzen, entkernen und fein hacken. Koriandersaat und Kreuzkümmel in einem Mörser mahlen.
3. In einem Topf Kokosfett erhitzen. Zwiebel, Knoblauch, Kurkuma, Ingwer, Chili, gemahlene Gewürze und Tomatenmark darin 4 Minuten scharf anbraten.
4. Brühe, Kokosmilch, passierte und gehackte Tomaten sowie Garam Masala zufügen und die Sauce unter gelegentlichem Rühren 40 Minuten köcheln lassen.
5. In der Zwischenzeit Reis in einem Sieb spülen. 1 l Wasser und das Salz in einem Topf zum Kochen bringen. Reis hinzugeben und aufkochen lassen. Hitze reduzieren und Reis mit geschlossenem Deckel ca. 20 Minuten köcheln lassen. Danach in ein Sieb abgießen, gut abtropfen lassen und in einem Topf warm halten.
6. Backofen auf 180 °C Ober-/Unterhitze vorheizen.
7. Tofu mit einem Küchentuch trocken tupfen und mit den Fingern zerkrümeln. Haferflocken in einem Standmixer fein mahlen.

FÜR DIE SAUCE

1 Zwiebel

5 Knoblauchzehen

1 Stück frische Kurkuma (3 cm lang)

1 Stück Ingwer (1 cm)

1 rote Chilischote

2 EL Koriandersaat

1½ EL Kreuzkümmel

3 EL Kokosfett

3 EL Tomatenmark

200 ml Gemüsebrühe

400 ml Kokosmilch

400 g passierte Tomaten (aus der Dose)

400 g gehackte Tomaten (aus der Dose)

1½ EL Garam Masala

½ TL Salz

FÜR DEN REIS

250 g Basmati-Wildreismischung

1 TL Salz

AUSSERDEM

2 Handvoll Mandelblättchen

8. Die fertigen Kartoffeln in ein Sieb abgießen und in einer Schüssel mit dem Gemüsestampfer zerdrücken. Mit den restlichen Zutaten für die Koftas (außer dem Rapsöl) vermengen. Den Teig gründlich mit den Händen verkneten, sodass die Masse gut zusammenklebt. 16 Bällchen aus dem Teig formen. Auf ein Backblech mit Backpapier setzen, mit etwas Rapsöl bepinseln und 25 Minuten im Ofen backen.
9. Mandelblättchen in einer Pfanne ohne Fett rösten.
10. Koftas aus dem Ofen nehmen, in die Sauce geben und alles noch mal erwärmen. Mit Mandelblättchen bestreut servieren. Wildreis dazu reichen.

CREMIGE CHAMPIGNON-RAHM-RIGATONI

Zubereitung: 30 Minuten

ZUTATEN FÜR 4 PORTIONEN

400 g Rigatoni
Salz
1 Zwiebel
3 Knoblauchzehen
400 g Champignons
5 EL Petersilie
100 g veganer Butterersatz
80 ml Weißwein
250 ml Sojasahne
2 Prisen geriebene Muskatnuss
Pfeffer

1. Rigatoni in einem Topf mit kochendem Salzwasser nach Packungsangabe kochen, bis sie al dente sind. Dann durch ein Sieb abgießen, dabei 400 ml Kochwasser auffangen.
2. Währenddessen Zwiebel und Knoblauch schälen und hacken. Champignons säubern und in Scheiben schneiden. Petersilie waschen, trocken schütteln und hacken.
3. Vegane Butter in einem tiefen Topf erhitzen und Zwiebel, Knoblauch und Pilze darin anbraten, bis das Wasser der Pilze verkocht ist (das dauert ca. 5 Minuten).
4. Mit Weißwein ablöschen und diesen in 1 Minute verkochen lassen.
5. Sojasahne, Muskat und Kochwasser (je nach gewünschter Konsistenz 200–400 ml) hinzugeben und 15 Minuten köcheln lassen.
6. Die Nudeln in der Sauce erwärmen, die Petersilie unterheben und die Sauce mit Salz und Pfeffer abschmecken.

MOCK-DUCK-GULASCH MIT KARTOFFELGRATIN

Zubereitung: 45 Minuten

ZUTATEN FÜR 4 PORTIONEN

800 g Mock Duck (aus der Dose)
300 g Karotten
150 g Staudensellerie
2 Zwiebeln
5 Stängel Rosmarin
1 Bund Petersilie
100 g veganer Butterersatz
3 EL Tomatenmark
1½ EL Speisestärke
250 ml Weißwein
150 ml Malzbier
500 ml Gemüsebrühe
2 EL dunkle Sojasauce
1 EL dunkler Balsamicoessig
3 Gewürznelken
2 Lorbeerblätter
Salz und Pfeffer

1. Mock Duck in einem Sieb abtropfen lassen. Karotten und Staudensellerie schälen, putzen und klein schneiden. Zwiebeln schälen und achteln. Rosmarin und Petersilie waschen, trocken schütteln und hacken.
2. Vegane Butter in einer Pfanne erhitzen. Zwiebeln, Rosmarin und Mock Duck darin 3 Minuten scharf anbraten.
3. Karotten, Sellerie und Tomatenmark hinzugeben und weitere 3 Minuten garen.
4. Speisestärke einrühren und alles kurz vermengen. Mit Weißwein, Malzbier und Brühe ablöschen. Flüssigkeit zum Kochen bringen.
5. Sojasauce, Balsamico, Nelken und Lorbeerblätter hinzugeben und das Gulasch bei mittlerer Hitze 30 Minuten köcheln lassen. Petersilie hinzufügen und mit Salz und Pfeffer abschmecken. Vor dem Servieren Nelken und Lorbeerblätter entfernen.

Dazu passt Kartoffelgratin (siehe Rezept nächste Seite).

FESTLICHES KARTOFFELGRATIN

Backzeit: 45 Minuten • Zubereitung: 15 Minuten

ZUTATEN FÜR 4 PORTIONEN

- 1,2 kg Kartoffeln
- 2 rote Zwiebeln
- 5 Knoblauchzehen
- 1 Bund Rosmarin
- 1 Bund Thymian
- 100 g veganer Butterersatz
- 1 EL Senf
- 1 Schuss Weißwein oder heller Balsamicoessig
- 250 ml Sojasahne
- 2 TL geräuchertes Paprikapulver
- 1 TL Zwiebelpulver
- 200 g veganer Streukäse
- Salz und Pfeffer

1. Kartoffeln schälen, waschen und mit einer Mandoline in 3 mm dicke Scheiben schneiden. Zwiebeln schälen und fein hacken. Knoblauch schälen und raspeln. Rosmarin und Thymian waschen, trocken schütteln, die Blättchen bzw. Nadeln vom Strunk lösen und hacken.
2. Backofen auf 180 °C Ober-/Unterhitze vorheizen.
3. Vegane Butter in einer Pfanne erhitzen und Zwiebel, Knoblauch, Senf und Kräuter darin anbraten.
4. Weißwein, Sojasahne, Paprikapulver, Zwiebelpulver und veganen Streukäse in einer Schüssel vermengen. Mit Salz und Pfeffer würzen. Kartoffeln hinzugeben und gut mit der Sauce überziehen. Fächerförmig in einer gusseisernen Pfanne oder Auflaufform anordnen.
5. Form mit Alufolie abdecken und Gratin 45 Minuten im Ofen backen. Dabei nach 30 Minuten die Folie abnehmen.

JACKFRUIT-RAGOUT MIT SPIRELLI

Zubereitung: 50 Minuten

ZUTATEN FÜR 4 PORTIONEN

- 500 g Spirelli
- 2 TL Salz
- 7 Schalotten
- 400 g junge Jackfruit (aus der Dose)
- 1 Bund Petersilie
- 60 g veganer Buttererersatz
- 2 EL Tomatenmark
- 2–2½ EL Kokosblütenzucker
- 2 EL Mehl
- 3 EL Sojasauce
- 150 ml Rotwein
- 2 TL dunkler Balsamicoessig
- 450 ml Gemüsebrühe
- 2 Lorbeerblätter
- Salz und Pfeffer

1. Spirelli in einem Topf mit Salzwasser (2 TL Salz) nach Packungsangabe kochen, bis sie al dente sind. Durch ein Sieb abgießen.
2. Schalotten schälen und halbieren. Jackfruit in einem Sieb abtropfen lassen und mit den Fingern etwas auseinanderzupfen. Petersilie waschen, trocken schütteln und hacken.
3. Vegane Butter in einer tiefen Pfanne erhitzen und Schalotten, Jackfruit, Tomatenmark und Kokosblütenzucker darin in 5 Minuten scharf anbraten.
4. Mehl darüberstreuen und alles einmal vermengen. Mit Sojasauce, Rotwein, Balsamico und Brühe ablöschen. Die Lorbeerblätter unterheben. Das Ragout 25 Minuten bei geringer Hitze köcheln lassen.
5. Petersilie und Spirelli hinzugeben und weitere 5 Minuten köcheln lassen. Mit Salz und Pfeffer abschmecken.

KLEINE BROKKOLI-PFÄNNCHEN

Zubereitung: 25 Minuten • Backzeit: 25 Minuten

ZUTATEN FÜR 4 PORTIONEN

- 700 g Kartoffeln
- 1 kleiner Brokkoli
- 200 g eingelegte Paprika
- 200 g Cherrytomaten
- 2 rote Zwiebeln
- 100 ml Gemüsebrühe
- 300 ml Kokosmilch
- 1 TL Speisestärke
- 2 Prisen geriebene Muskatnuss
- 1 TL Salz
- Öl für die Förmchen
- 200 g veganer Streukäse

1. Kartoffeln schälen, waschen und in einem Topf mit Wasser in 15 Minuten weich kochen.
2. Währenddessen Brokkoliröschen vom Strunk lösen und waschen. 3 Minuten vor Ende der Kochzeit der Kartoffeln in den Topf geben und mitkochen. Kartoffeln und Brokkoli in ein Sieb abgießen und kalt abschrecken. Kartoffeln in Scheiben schneiden.
3. Eingelegte Paprika abtropfen lassen und in Stücke schneiden. Tomaten waschen und halbieren. Zwiebeln schälen und in Scheiben schneiden.
4. Backofen auf 180 °C Ober-/Unterhitze vorheizen.
5. Brühe, Kokosmilch, Speisestärke, Muskat und Salz in einer Schüssel verrühren.
6. 4 ofenfeste Förmchen einfetten. Kartoffeln, Brokkoli, Paprika, Tomaten und Zwiebeln gleichmäßig darin verteilen und die Kokosmilch-Speisestärke-Mischung darübergießen. Veganen Streukäse darübergeben und den Auflauf 25 Minuten im Ofen backen.

VEGANES KÄSEFONDUE

Vorbereitung: 12 Stunden oder 10 Minuten, falls man die probiotischen Bakterien weglässt

ZUTATEN FÜR 4 PORTIONEN

- 140 g Cashewkerne
- 285 ml Wasser
- 1 Kapsel probiotische Kulturen (optional)
- 135 ml Weißwein
- 4 EL Hefeflocken
- 2 EL Rapsöl
- 30 g Tapiokastärke
- 1 EL Ahornsirup
- 1 TL Zwiebelgranulat
- 2 TL Knoblauchpulver
- ½ TL gemahlene Kurkuma
- Salz und Pfeffer

AUSSERDEM

- Baguette

1. Cashewkerne in einen Topf geben und so viel Wasser zugießen, dass sie damit bedeckt sind. 10 Minuten kochen.
2. Cashews durch ein Sieb abgießen und mit 125 ml frischem Wasser in einem Standmixer zu einer gleichmäßigen Masse pürieren (das dauert ca. 8 Minuten, dabei zwischendurch Masse vom Rand nach unten schieben).
3. Masse in eine Schüssel umfüllen und mit den probiotischen Kulturen vermengen. Schüssel mit Frischhaltefolie bedecken und über Nacht stehen lassen. Die probiotischen Kulturen setzen die Fermentierung in Gang und entwickeln so einen käsigen Geschmack. Das Käsefondue schmeckt auch ohne die Fermentierung, ähnelt dann jedoch weniger dem Geschmack eines klassischen Käsefondues.
4. Cashewmasse mit Weißwein, dem restlichen Wasser, Hefeflocken, Rapsöl, Tapiokastärke, Ahornsirup, Zwiebelgranulat, Knoblauchpulver und Kurkuma in einen Standmixer geben und mixen. Die Masse ist nun sehr flüssig, das ist normal.
5. Masse in einen Topf umfüllen und aufkochen. Hitze reduzieren und die Masse unter Rühren 5 Minuten sanft köcheln lassen, bis sie andickt. Mit Salz und Pfeffer abschmecken.
6. Baguette in Würfel schneiden und zum Fondue reichen

KOHLROULADEN WIE BEI OMA

Backzeit: 25 Minuten • Zubereitung: 30 Minuten

ZUTATEN FÜR 6 ROULADEN

FÜR DIE ROULADEN

125 g Langkornreis
2 TL Salz
1 Weißkohl (6 Blätter)
1 Zwiebel
1 Karotte
1 Zucchini
1 Bund Petersilie
2 EL Rapsöl
200 g veganes Hackfleisch
1 TL Zwiebelpulver
1 TL Knoblauchpulver
1 TL geräuchertes Paprikapulver
3 EL Tomatenmark
2 TL Ahornsirup
Salz und Pfeffer

1. Reis in einem Topf mit Salzwasser nach Packungsanweisung weich kochen. Dann durch ein Sieb abgießen.
2. Währenddessen Kohl waschen, Strunk herausschneiden und den ganzen Kohlkopf in einem Topf mit Wasser 5 Minuten kochen. Herausnehmen und 6 Blätter ablösen. 500 ml des Kochwassers beiseitestellen. Kohlblätter in ein Sieb geben und mit kaltem Wasser abschrecken.
3. Zwiebel schälen und hacken. Karotte und Zucchini putzen, schälen und raspeln. Petersilie waschen, trocken schütteln und fein hacken.
4. Rapsöl in einer Pfanne erhitzen und Zwiebel und veganes Hackfleisch darin 2 Minuten scharf anbraten. Zucchini, Karotte, Zwiebelpulver, Knoblauchpulver, Paprikapulver, Tomatenmark, Ahornsirup und gekochten Reis hinzugeben und 8 Minuten garen. Mit Salz und Pfeffer abschmecken und die Petersilie unterheben.
5. Backofen auf 180 °C Ober-/Unterhitze vorheizen.

FÜR DIE SAUCE

3 EL Tomatenmark
1 TL Speisestärke
5 EL Sojasauce
2 TL Ahornsirup
1 Lorbeerblatt
2 TL Gemüsebrühepulver
1 Prise gemahlener Kümmel

6. Die Kohlblätter auf der Arbeitsfläche ausbreiten und 1/6 der Füllung mittig auf jedes Blatt setzen. Die Seiten leicht über die Füllung klappen und die Blätter zu festen Rouladen aufrollen. Mit der »offenen« Seite nach unten in eine Auflaufform legen.

7. Für die Sauce Tomatenmark, Speisestärke, Kohlwasser, Sojasauce, Ahornsirup, Lorbeerblatt, Brühepulver und Kümmel in einer Schüssel verrühren. Sauce in die Auflaufform gießen und die Rouladen 25 Minuten im Ofen backen.

VEGANER HACKBRATEN MIT KARAMELLISIERTEN MÖHRCHEN

Zubereitung: 40 Minuten • Backzeit: 40 Minuten

ZUTATEN FÜR 4 PERSONEN

FÜR DEN BRATEN

- 400 g schwarze Bohnen (aus der Dose)
- 400 g braune Linsen (aus der Dose)
- 100 g Walnusskerne
- 5 Knoblauchzehen
- 1 kleine Zwiebel
- 150 g Haferflocken
- 2 EL Senf
- 3 EL Sojasauce
- 6 EL Tomatenmark
- 1 TL Ahornsirup
- Salz und Pfeffer
- 2 EL Rapsöl + mehr für die Form
- 3 EL BBQ-Sauce

1. Bohnen und Linsen in ein Sieb abgießen, spülen und gut abtropfen lassen. Walnüsse fein hacken. Knoblauchzehen schälen und raspeln. Zwiebel schälen und hacken.
2. Für das Gemüse Karotten putzen, schälen und schräg in Scheiben schneiden. Ingwer schälen und raspeln.
3. Backofen auf 180 °C Ober-/Unterhitze vorheizen.
4. Bohnen, Linsen, Haferflocken, Senf, Sojasauce, Tomatenmark und Ahornsirup in einem Standmixer zu einer mittelgroben Masse pürieren. In eine Schüssel umfüllen und Knoblauch, Zwiebel und Walnüsse unterheben. Mit Salz und Pfeffer abschmecken.
5. Eine rechteckige Backform einfetten und die Masse hineinfüllen. BBQ-Sauce und Rapsöl in einer Tasse vermengen und die Oberfläche des Bratens damit bepinseln. Die Hälfte der BBQ-Sauce für später beiseitestellen.
6. Braten 35–40 Minuten im Ofen backen. Nach 15 Minuten nochmals mit der Öl-BBQ-Saucen-Mischung bepinseln. Den Braten danach aus dem Ofen nehmen und 15 Minuten abkühlen lassen.

FÜR DIE RAHMSAUCE

400 ml Kokosmilch

3 EL Sojasauce

3 EL Tomatenmark

150 ml Weißwein

150 ml Gemüsebrühe

FÜR DIE MÖHRCHEN

700 g Karotten

1 Stück Ingwer (1 cm)

100 g veganer Butterersatz

2 EL Zucker

2 EL heller Balsamicoessig

Salz und Pfeffer

7. In der Zwischenzeit für die Rahmsauce alle Zutaten in einem Topf vermengen und aufkochen. Hitze reduzieren und Sauce bei mittlerer Hitze 20 Minuten köcheln lassen, bis sie leicht andickt.

8. Für die Möhrchen vegane Butter in einem Topf erhitzen und Ingwer und Karotten darin 4 Minuten scharf anbraten. Zucker einstreuen und karamellisieren lassen. Mit Balsamicoessig ablöschen. Bei geringer Hitze die Möhrchen 10 Minuten köcheln lassen. Mit Salz und Pfeffer abschmecken.

9. Den Braten mit Möhrchen und Rahmsauce servieren.

Dazu passen Kartoffelecken oder ein Kartoffelgratin (siehe Seite 59).

VEGANE GÄNSEKEULEN MIT BRATENSAUCE

Backzeit: 35 Minuten • Zubereitung: 40 Minuten

ZUTATEN FÜR 4 KEULEN

FÜR DIE »GÄNSE-KEULEN«

- 200 g Jackfruit (aus der Dose)
- 400 g Austernpilze
- 2 EL Sojasauce
- 2 TL Tomatenmark
- 1 EL Hähnchengewürz
- 1 TL Kümmel
- 3 EL Speisestärke
- 1–2 TL Ahornsirup
- 2 TL geräuchertes Paprikapulver
- 2 EL Rapsöl + mehr für die Form
- 8 Stück Reispapier
- 4 Zimtstangen

1. Jackfruit durch ein Sieb abgießen, mit den Fingern zerfleddern und in eine Schüssel geben. Austernpilze säubern und mit einer Gabel in dünne Fäden ziehen.
2. Austernpilze, Sojasauce, Tomatenmark, Hähnchengewürz, Kümmel, Speisestärke, Ahornsirup und Paprikapulver zur Jackfruit geben und gut vermischen.
3. Rapsöl in einer Pfanne erhitzen und die Masse darin 8 Minuten braten, dann beiseitestellen.
4. In einer großen Schüssel warmes Wasser bereitstellen und jedes Reispapier darin wenden und 30 Sekunden einweichen. Das weiche Reispapier auf eine glatte Arbeitsfläche legen und ¼ der Jackfruit-Mischung in die Mitte setzen. Je 1 Zimtstange in die Masse stecken und die Füllung mit dem Reispapier einwickeln.
5. Ein zweites eingeweichtes Reispapier auf das Päckchen legen, seitlich umschlagen, das Päckchen wenden und das Reispapier oben verschließen. Den Vorgang wiederholen, bis 4 Keulen fertig sind.
6. Backofen auf 180 °C Ober-/Unterhitze vorheizen.

FÜR DIE MARINADE

2 EL Rapsöl

1 EL Sojasauce

2 TL Senf

1 Prise Pfeffer

2 EL vegane BBQ-Sauce

FÜR DIE BRATENSAUCE

60 g veganer Buttterersatz

2 EL Speisestärke

100 ml Rotwein

400 ml Gemüsebrühe

2 EL Sojasauce

2 EL Hefeflocken

2 TL getrockneter Oregano

1 Lorbeerblatt

2 TL Ahornsirup

Salz und Pfeffer

7. Für die Marinade Rapsöl, Sojasauce, Senf, Pfeffer und vegane BBQ-Sauce in einer Schüssel vermengen und die Keulen beidseitig damit bestreichen. Die Keulen in eine mit Öl eingestrichene Auflaufform legen und 35 Minuten im Ofen backen.

8. Währenddessen für die Bratensauce vegane Butter in einem Topf schmelzen und Speisestärke mit einem Schneebesen einrühren und anschwitzen. Rotwein, Brühe, Sojasauce, Hefeflocken, Oregano, Lorbeerblatt und Ahornsirup hinzugeben und unter Rühren 20 Minuten bei mittlerer Hitze köcheln lassen. Die Sauce mit Salz und Pfeffer abschmecken. Die Sauce zu den Keulen servieren.

KARTOFFELKLÖSSE

Vorbereitung 25 Minuten • Zubereitung 30 Minuten

ZUTATEN FÜR 10–12 KLÖSSE

- 1,3 kg festkochende Kartoffeln
- 360 g Kartoffelstärke
- 140–150 ml Haferdrink
- 3 TL Salz

1. Kartoffeln schälen und vierteln.
2. Kartoffeln in reichlich Wasser 25 Minuten gar kochen.
3. Kartoffeln gemeinsam mit der Kartoffelstärke, Haferdrink und 1 TL Salz vermengen. Mit einem Kartoffelstampfer stampfen, bis eine cremige Masse entsteht.
4. Reichlich Wasser mit 2 weiteren TL Salz aufkochen und die Hitze sofort so weit runterregulieren, dass die Klöße darin 20–25 Minuten sieden. Wichtig: nicht kochen. Sobald die Klöße an der Oberfläche schwimmen, mit einem Schaumlöffel herausnehmen und kurz abtropfen lassen.

VEGANE PIZZA MARGHERITA

Gehzeit Teig: 30 Minuten • Zubereitung: 20 Minuten • Backzeit: 30 Minuten

ZUTATEN FÜR 4 KLEINE PIZZEN

FÜR DEN TEIG

340 g Weizenmehl + mehr für Hände und Arbeitsfläche

7 g Trockenhefe

1 TL Salz

3 EL Rapsöl

2 TL Zucker

250–270 ml Wasser

FÜR DEN VEGANEN MOZZARELLA

50 g Seidentofu

3 EL Hefeflocken

4 TL Tapiokastärke

1 TL Ahornsirup

1 TL Knoblauchpulver

2 TL Senf

½ TL Salz

150 ml Wasser

80 ml Rapsöl

1 TL heller Balsamicoessig

1. Für den Teig Weizenmehl, Trockenhefe, Salz, Rapsöl, Zucker und 250 ml Wasser in eine Schüssel geben und mit den Händen in 4 Minuten zu einem Teig verkneten. Der Teig ist sehr weich und die Hände müssen reichlich bemehlt sein. Bei Bedarf noch mehr Wasser zugeben. Schüssel mit einem Tuch abdecken und den Teig 30 Minuten an einem warmen Ort (auf der Heizung oder bei 50 °C im Backofen) gehen lassen.
2. Dann Arbeitsfläche bemehlen und den Teig daraufgeben. Mit gut bemehlten Händen viermal übereinanderschlagen und zum Schluss in 4 Portionen teilen. Jede Teighälfte etwa 1 cm dick ausrollen. Der äußere Rand darf dabei ungefähr doppelt so dick sein wie der restliche Boden. Je 2 Teigfladen auf je ein mit Backpapier belegtes Blech geben.
3. Backofen auf 180 °C Umluft vorheizen
4. Alle Zutaten für den veganen Mozzarella in einen Standmixer geben und pürieren. Die Mischung in einen Topf umfüllen und 3 Minuten köcheln lassen, bis sie zäh und fester wird.
5. Währenddessen Fleischtomaten waschen und in Scheiben schneiden.
6. Für die Sauce Tomatenmark, passierte Tomaten, Oregano, Rapsöl, Zitronensaft und Ahornsirup in einer Schüssel verrühren. Mit Salz und Pfeffer abschmecken.

FÜR DIE TOMATENSAUCE

6 EL Tomatenmark

100 g passierte Tomaten (aus der Dose)

2 TL getrockneter Oregano

1 EL Rapsöl

1 EL Zitronensaft

2 TL Ahornsirup

Salz und Pfeffer

AUSSERDEM

3 Fleischtomaten

Salz und Pfeffer

frische Basilikumblättchen

7. Die Pizzaböden mit der Tomatensauce bestreichen, dann mit Tomatenscheiben belegen. Veganen Mozzarella darauf verteilen und mit Salz und Pfeffer würzen.
8. Die Pizzen gleichzeitig 30 Minuten im Ofen backen und zum Servieren mit Basilikumblättern bestreuen.

GNOCCHI MIT GETROCKNETEN TOMATEN UND TOFU-SPECK

Zubereitung: 20 Minuten

ZUTATEN FÜR 4 PORTIONEN

FÜR DEN TOFU-SPECK

200 g Räuchertofu
1 EL Speisestärke
2 TL edelsüßes Paprikapulver
2 TL getrockneter Oregano
1 Prise Kokosblütenzucker
1 TL Salz
2 EL Öl der getrockneten Tomaten

FÜR DIE GNOCCHI

250 g getrocknete Tomaten in Öl
2 EL Öl der getrockneten Tomaten
500 g Gnocchi
150 ml Sojasahne
150 ml Gemüsebrühe
1 Bund Petersilie
Salz und Pfeffer

1. Tofu in etwa 5×5 mm große Würfel schneiden. In einer Schüssel mit Speisestärke, Paprikapulver, Oregano, Kokosblütenzucker und Salz vermischen.
2. Tomatenöl in einer Pfanne erhitzen und Räuchertofu darin scharf anbraten, bis er braun und knusprig ist. Das dauert etwa 10 Minuten. Räuchertofu beiseitestellen.
3. Für die Gnocchi Tomaten abtropfen lassen und mit 2 EL Tomatenöl in dieselbe Pfanne geben. Gnocchi zufügen und 3 Minuten anbraten.
4. Sojasahne und Brühe angießen und 3 Minuten köcheln lassen.
5. Währenddessen Petersilie waschen, trocken schütteln und hacken. Mit dem Tofu-Speck unter die Gnocchi heben. Mit Salz und Pfeffer abschmecken.

CREMIGE ZITRONEN-EDAMAME-PASTA

Zubereitung: 40 Minuten

ZUTATEN FÜR 4 PORTIONEN

400 g Linguine
2 TL Salz
200 g TK-Edamame
3 Schalotten
4 Knoblauchzehen
1 Bio-Zitrone
80 g veganer Buttorersatz
1 EL Speisestärke
400 ml Kokosmilch
2 TL Ahornsirup
100 g Babyspinat
Salz und Pfeffer

1. Linguine in einem Topf mit reichlich Salzwasser (2 TL Salz) nach Packungsanweisung gar kochen. Anschließend durch ein Sieb abgießen und dabei 300 ml Kochwasser auffangen.
2. Edamame auftauen lassen. Schalotten und Knoblauchzehen schälen und hacken. Zitrone waschen, abtrocknen und 1½ EL Schale abreiben. 3 EL Zitronensaft auspressen und beiseitestellen.
3. Vegane Butter in einem tiefen Wok/einer tiefen Pfanne erhitzen und Schalotten und Knoblauch darin 3 Minuten anbraten. Abrieb hinzugeben und 1 weitere Minute braten. Speisestärke darüberstreuen und kurz vermengen.
4. Zitronensaft, Pastawasser, Kokosmilch und Ahornsirup einrühren.
5. Spinat waschen, verlesen und trocken schütteln. Mit den Linguine und den Edamame unterheben und so lange köcheln lassen, bis der Spinat zerfällt und die Edamame warm sind. Mit Salz und Pfeffer abschmecken.

KARTOFFELMIX-TARTE IN »NO-SAHNE-SAUCE«

Backzeit: 55 Minuten • Zubereitung: 20 Minuten

ZUTATEN FÜR 6 PORTIONEN

FÜR DIE TARTE

1 kg Süßkartoffeln

1 kg Kartoffeln

1 runder veganer Quicheteig

FÜR DIE SAUCE

5 Zweige Thymian

1 Bund Petersilie

4 Knoblauchzehen

150 g veganer Frischkäse

250 ml Gemüsebrühe

200 ml Sojasahne

2 Prisen geriebene Muskatnuss

Salz und Pfeffer

FÜR DAS TOPPING

80 ml Wasser

6 EL helles Mandelmus

1 TL gemahlene Kurkuma

1 Prise Kala Namak (optional)

2 EL Hefeflocken

1. Süßkartoffeln und Kartoffeln schälen, waschen und in 5 mm dicke Scheiben schneiden.
2. Backofen auf 180 °C Ober-/Unterhitze vorheizen.
3. Für die Sauce Thymian und Petersilie waschen und trocken schütteln. Thymianblätter abziehen und Petersilie hacken. Knoblauch schälen und raspeln.
4. Veganen Frischkäse, Brühe, Sojasahne, Muskat, Thymian, Petersilie und Knoblauch in einer Schüssel vermengen und mit Salz und Pfeffer abschmecken.
5. Backpapier für eine Tarteform (Ø 30 cm) zuschneiden. Form mit Backpapier auslegen, den Quicheteig hineingeben, sodass der Rand ebenfalls damit bedeckt ist.
6. Kartoffeln und Süßkartoffeln abwechselnd und fächerförmig einschichten und die Sauce darübergießen.
7. Für das Topping Wasser, Mandelmus, Kurkuma, eventuell Kala Namak und Hefeflocken in einer Schüssel verrühren.
8. Die Tarte in den Ofen schieben und insgesamt 55 Minuten backen. Nach 30 Minuten herausnehmen und das Topping gleichmäßig darauf verteilen. Dann fertig backen.

VEGANE KÄSESPÄTZLE

Vorbereitung: 5 Minuten • Zubereitung: 10 Minuten

ZUTATEN FÜR 4 PORTIONEN

FÜR DIE SPÄTZLE

1 große Gemüsezwiebel

2 Frühlingszwiebeln

2 EL Rapsöl

1 TL Salz

50 g veganer Butterersatz

400 g vegane Spätzle

Salz und Pfeffer

FÜR DIE SAUCE

100 ml vegane Sahne

100 ml Gemüsebrühe

2 EL Hefeflocken

100 g veganer Streukäse

1. Zwiebel schälen und in Ringe schneiden. Frühlingszwiebeln putzen, waschen und hacken.
2. Rapsöl in einer Pfanne erhitzen und die Zwiebelringe darin so lange braten, bis sie braun und knusprig sind. Mit 1 TL Salz bestreuen und beiseitestellen.
3. Butter in derselben Pfanne erhitzen und die Spätzle darin 3 Minuten braten.
4. Alle Zutaten für die Sauce in einer Schüssel verrühren. Die Sauce zu den Spätzle geben, 3 Minuten köcheln lassen und mit Salz und Pfeffer abschmecken.
5. Mit Frühlingszwiebeln und Röstzwiebeln bestreut servieren.

HIMMLISCHE DESSERTS

SPEKULATIUS-ERDNUSS-PRALINEN

Zubereitung: 15 Minuten • Ruhezeit: 60 Minuten

ZUTATEN FÜR 10 PRALINEN

1 Bio-Limette

250 g vegane Spekulatiuskekse

200 g Erdnussbutter

1 EL Ahornsirup

100 g Zartbitterschokolade

1 EL kalt gepresstes Kokosfett

1 Handvoll Erdnüsse

2 Prisen Meersalz

1. Limette waschen, abtrocknen und 2 TL Schale abreiben. Kekse grob zerbröseln.
2. Kekse, Limettenabrieb, Erdnussbutter und Ahornsirup in einen Standmixer geben und pürieren.
3. 10 Kugeln aus der Masse formen und 1 Stunde in den Kühlschrank stellen.
4. Zartbitterschokolade und Kokosfett in einem Topf schmelzen. Den Topf vom Herd nehmen, Schokolade in eine Schüssel umfüllen und die Kugeln darin wenden.
5. Erdnüsse fein hacken.
6. Die Kugeln mit Meersalz und gehackten Erdnüssen garnieren und zum Trocknen wieder in den Kühlschrank stellen.

OREO-ERDNUSS-NICECREAM

Vorbereitung: 1 Nacht • Zubereitung: 10 Minuten

ZUTATEN FÜR 4 PORTIONEN

FÜR DIE CREME

6 reife Bananen

10 Oreo-Kekse

4 EL Erdnussbutter

2 Prisen gemahlener Zimt

FÜR DAS TOPPING

5 Handvoll TK-Himbeeren

1. Bananen schälen, in Stücke schneiden und über Nacht einfrieren.
2. Am nächsten Tag die Oreo-Kekse zerkrümeln.
3. Gefrorene Bananen, Erdnussbutter und Zimt in einen Standmixer geben und pürieren, bis eine cremige Masse entsteht.
4. ¼ der Kekskrümel unterheben. Nicecream in 2 Schüsseln geben und mit den restlichen Kekskrümeln und gefrorenen Himbeeren garnieren.

HASELNUSS-WEIHNACHTSBAUM

Zubereitung: 20 Minuten • Backzeit: 25 Minuten

ZUTATEN FÜR 4 PORTIONEN

- 2 Rollen veganer Blätterteig
- 200 g vegane Haselnusscreme
- 2 EL Haferdrink
- 1 Prise gemahlene Kurkuma
- 5 EL Mandelblättchen
- 1 TL Puderzucker

1. Backofen auf 180 °C Ober-/Unterhitze vorheizen.
2. 1 Blätterteig ausrollen und mit Haselnusscreme bestreichen. Falls die Haselnusscreme zu fest ist, die Creme zunächst mit etwas Kokosfett in einem Topf erhitzen, um sie streichfähiger zu machen.
3. Den zweiten Blätterteig auf die Haselnusscreme legen und ein Dreieck ausschneiden, aus dem der Weihnachtsbaum entstehen soll. Das Dreieck an den Seiten alle 2 cm einschneiden, sodass in der Mitte ein etwa 10 cm breiter Stamm übrig bleibt. Unten so viel Teig wegschneiden, dass ein ca. 6 cm hoher Stamm entsteht. Die eingeschnittenen Seitenteile etwas eindrehen.
4. Haferdrink und Kurkuma in einer Tasse verrühren und den Baum damit bestreichen. Mittig mit Mandelblättchen bestreuen.
5. Den Weihnachtsbaum 25 Minuten im Ofen backen. Herausnehmen, abkühlen lassen und mit Puderzucker bestreuen.

WILDBEEREN-CRUMBLE

Backzeit: 20 Minuten • Zubereitung: 20 Minuten

ZUTATEN FÜR 4 PORTIONEN

FÜR DIE BEEREN

600 g TK-Wildbeerenmix

2 EL Speisestärke

4 EL Ahornsirup

2 EL Zitronensaft

FÜR DIE STREUSEL

80 g Haferflocken

150 g gemahlene Mandeln

4 EL Kokosblütenzucker

1 TL gemahlener Zimt

1 Prise Salz

100 g veganer Buttterersatz

1. Backofen auf 170 °C Ober-/Unterhitze vorheizen.
2. Wildbeeren mit Speisestärke, Ahornsirup und Zitronensaft in eine Auflaufform geben und gut vermengen.
3. Für die Streusel Haferflocken in einem Mixer fein mahlen. In eine Schüssel umfüllen und mit gemahlenen Mandeln, Kokosblütenzucker, Zimt und Salz vermischen.
4. Vegane Butter in einer Pfanne schmelzen. Die Streusel-Mischung hinzugeben und unter Rühren 3 Minuten braten.
5. Streusel über die Beeren geben und den Crumble 20 Minuten im Ofen backen.

KAROTTENKUCHEN-OSTEREIER

Einweichzeit: 30 Minuten • Zubereitung: 15 Minuten • Ruhezeit: 60 Minuten

ZUTATEN FÜR 10 OSTEREIER

FÜR DIE OSTEREIER

13 Datteln

1 Stück Ingwer (1 cm)

2 Karotten

1½ EL Wasser

120 g Mandelmehl

2 EL Leinsamenschrot

1 TL gemahlener Zimt

1 EL Ahornsirup

50 g Kürbiskerne

FÜR DAS TOPPING

1 Handvoll Mandelkerne

100 g Zartbitterschokolade

1. Datteln entkernen und in einer Schüssel mit heißem Wasser 30 Minuten einweichen.
2. Ingwer schälen und raspeln. Karotten putzen, schälen und raspeln. In ein Handtuch füllen und gut ausdrücken.
3. Eingeweichte Datteln durch ein Sieb abgießen und mit 1½ EL Wasser in einem Standmixer pürieren.
4. Karotten, Mandelmehl, Leinsamenschrot, Zimt, Ingwer, Ahornsirup und Kürbiskerne hinzugeben und alles zu einer feinen Masse pürieren.
5. Aus dem Teig 10 Ostereier formen und diese 1 Stunde in den Kühlschrank stellen.
6. Mandeln fein hacken. Schokolade hacken und in einem Topf schmelzen.
7. Ostereier in der geschmolzenen Schokolade wenden und mit gehackten Mandeln dekorieren. Schokolade fest werden lassen.

ORANGENMOUSSE AU CHOCOLAT

Vorbereitung: 15 Minuten • Ruhezeit: 12 Stunden • Zubereitung: 10 Minuten

ZUTATEN FÜR 4 PORTIONEN

- 400 ml Aquafaba (Kichererbsenwasser)
- 12 EL Puderzucker
- 5 TL Orangenabrieb
- 2 TL Backpulver
- 200 g Zartbitterschokolade
- Schokoraspel zum Garnieren

1. Aquafaba in eine Schüssel gießen und mit einem Handrührgerät 5–8 Minuten aufschlagen, bis eine Creme entsteht.
2. Puderzucker, 2 TL Orangenabrieb und Backpulver hinzugeben und weiter aufschlagen, bis der Schaum schön fest ist. Das dauert ca. 5 Minuten.
3. Die Schokolade in einem Topf schmelzen und leicht abkühlen lassen.
4. Schokolade unter die Creme mischen. Die Mousse in 4 Dessertgläser füllen und über Nacht in den Kühlschrank stellen.
5. Vor dem Servieren mit dem restlichen Orangenabrieb und Schokoraspeln garnieren.

»NO KÄSE«-KUCHEN-SCHICHTDESSERT

Zubereitung: 20 Minuten • Ruhezeit: 60 Minuten

ZUTATEN FÜR 4 PORTIONEN

150 g Spekulatius-Kekse

1 Bio-Zitrone

40 g veganer Buttterersatz

400 g veganer Joghurt

150 g vegane Crème fraîche

2 EL Ahornsirup + mehr nach Belieben

1–2 TL gemahlene Bourbonvanille

250 g Himbeeren

1. Kekse mit den Fingern zerkrümeln und in eine Schüssel geben.
2. Zitrone waschen, abtrocknen, die Schale abreiben und 1 EL Saft auspressen und beiseitestellen.
3. Vegane Butter in einem Topf schmelzen und mit den Kekskrümeln verkneten.
4. Joghurt, vegane Crème fraîche, Zitronenabrieb, -saft, 2 EL Ahornsirup und Vanille in eine Schüssel geben und mit dem Schneebesen zu einer cremigen Masse aufschlagen.
5. Himbeeren waschen und in einem Standmixer pürieren. Nach Belieben mit Ahornsirup süßen.
6. Kekse, Creme und Himbeeren in 4 Dessertgläser schichten und 1 Stunde in den Kühlschrank stellen.

HEISSE KIRSCHTASCHEN

Zubereitung: 20 Minuten • Backzeit: 20 Minuten

ZUTATEN FÜR 6 TASCHEN

- 1 Pck. veganer Blätterteig
- 600 g entsteinte Kirschen (aus dem Glas)
- 3 TL Speisestärke
- 2 EL Zitronensaft
- 1 TL gemahlener Zimt
- 1 EL Ahornsirup
- 5 EL Haferdrink
- 1 Prise gemahlene Kurkuma
- Puderzucker zum Bestreuen

1. Blätterteig ausrollen und in 6 Rechtecke teilen.
2. Die Kirschen durch ein Sieb abgießen und dabei 100 ml Saft auffangen. Saft in einer Tasse mit Speisestärke und Zitronensaft verrühren.
3. Kirschen, Speisestärkemischung, Zimt und Ahornsirup in einen Topf geben und 10 Minuten köcheln lassen. Kirschen grob mit einer Gabel zerdrücken.
4. Backofen auf 200 °C Ober-/Unterhitze vorheizen.
5. Auf jedes Blätterteigrechteck 2–3 EL Füllung in die Mitte setzen. Jeweils 1 lange Seite über die Füllung legen, um die Tasche zu verschließen. Ränder mit einer Gabel fest zusammendrücken. Die Oberfläche dreimal einschneiden.
6. Haferdrink in einer Tasse mit Kurkuma vermischen und die Taschen damit einpinseln.
7. Die Taschen auf ein Backblech setzen, in den Ofen schieben und 20 Minuten backen. Herausnehmen und mit Puderzucker bestreuen und heiß servieren.

AVOCADO-SCHOKO-CREME MIT HAFERKEKSEN

Zubereitung: 10 Minuten

ZUTATEN FÜR 4 PORTIONEN

- 2 Avocado
- 2 Bananen
- 8 EL Kakaopulver
- 2 EL Limettensaft
- 250 ml vegane Schlagsahne
- 4 EL Ahornsirup
- 20 vegane Haferkekse

ZUM GARNIEREN

- 2 Kiwi
- 2 Handvoll Heidelbeeren
- 8 Minzeblätter

1. Avocados halbieren, entkernen und das Fruchtfleisch mit einem Löffel aus der Schale heben. Bananen schälen.
2. Avocadofruchtfleisch, Bananen, Kakaopulver, Limettensaft, Schlagsahne und Ahornsirup in einem Standmixer zu einer homogenen Creme pürieren.
3. Haferkekse zerbröseln und in 4 Gläser füllen. Die Avocadocreme darübergeben.
4. Zum Garnieren Kiwi schälen und in Scheiben schneiden, Heidelbeeren und Minzeblätter waschen und trocken tupfen. Desserts mit Kiwi, Heidelbeeren und Minze garnieren.

SCHOKO-KAFFEE-LAVAKUCHEN

Zubereitung: 25 Min • Backzeit: 10 Minuten

ZUTATEN FÜR 5 PORTIONEN

- 100 g Haferflocken
- 120 g vegane Schokolade
- 170 ml Haferdrink
- 30 ml Rapsöl
- 1 EL Kakaopulver
- 1 Prise Kaffeepulver
- 1 Prise Salz
- 50 g Kokosblütenzucker
- 2½ TL veganer Butterersatz

1. Haferflocken in einem Mixer fein mahlen.
2. Backofen auf 180 °C Ober-/Unterhitze vorheizen.
3. 100 g Schokolade in einem Topf schmelzen. Topf vom Herd nehmen und Schokolade mit Haferdrink und Rapsöl verrühren.
4. Haferflockenmehl, Kakaopulver, Kaffeepulver, Salz und Kokosblütenzucker in einer Schüssel vermischen. Die Schokomasse dazugeben und unterrühren.
5. Die restliche Schokolade grob in Stücke hacken.
6. 5 kleine Muffinformen mit je ½ TL veganer Butter einfetten und bis zur Hälfte mit dem Teig befüllen. Ein paar Schokoladenstücke jeweils in die Mitte setzen und den restlichen Teig darauf verteilen. Den Lavakuchen 10 Minuten im Ofen backen.

VEGANER FLAN

Zubereitung: 20 Minuten • Ruhezeit: 60 Minuten

ZUTATEN FÜR 3 PORTIONEN

FÜR DAS KARAMELL

5 EL Wasser

½ TL Salz

2 EL Vanilleextrakt

40 g Kokosblütenzucker

FÜR DIE CREME

½ TL Salz

2½ TL Agar-Agar

5 EL Speisestärke

6 EL Ahornsirup

1 TL Vanilleextrakt

800 ml Kokosmilch

1. Für das Karamell in einem kleinen Topf das Wasser erhitzen. Salz, Vanilleeextrakt und Kokosblütenzucker einrühren und aufkochen lassen. Hitze reduzieren und Karamell 3 Minuten köcheln lassen. In 3 Muffinformen füllen und in den Kühlschrank stellen.

2. In einem zweiten Topf Salz, Agar-Agar, Speisestärke, Ahornsirup und Vanilleextrakt vermischen und zum Kochen bringen. Anschließend die Kokosmilch hinzugeben und alles ca. 3 Minuten köcheln lassen, bis die Sauce leicht andickt.

3. Die Creme vorsichtig auf das Karamell in den Muffinformen gießen, sodass sich nichts vermischt. Die Flans im Kühlschrank vollständig auskühlen lassen. Vor dem Servieren auf einen Teller stürzen.

EXQUISITE DRINKS

HEISSER MOKKA-VANILLE-KAKAO

Zubereitung: 10 Minuten

ZUTATEN FÜR 4 TASSEN

- 140 g Zartbitterschokolade
- 800 ml Haferdrink
- 140 g Ahornsirup
- 4 EL Kakaopulver
- 2 TL Vanilleextrakt
- 2 EL Instant-Kaffeepulver
- 2 Prisen Salz

ZUM GARNIEREN

- vegane Schlagsahne
- Kakaopulver

1. Zartbitterschokolade fein hacken. Mit Haferdrink, Ahornsirup, Kakaopulver, Vanilleextrakt, Kaffeepulver und Salz in einem Topf zum Kochen bringen. Hitze reduzieren und alles 3 Minuten köcheln lassen, bis die Schokolade geschmolzen ist.
2. Kakao in 4 Tassen umfüllen und mit veganer Schlagsahne und etwas Kakaopulver toppen.

GRANATAPFEL-INGWER-PALOMA

Zubereitung: 10 Minuten

ZUTATEN FÜR 4 GLÄSER

etwas Crushed Eis
250 ml Grapefruitsaft
70 ml Limettensaft
20 ml Ingwershot
200 ml Tequila
500 ml Granatapfelsaft
2 EL Ahornsirup
120 ml Ginger Ale

ZUM GARNIEREN

Granatapfelkerne
Minzeblätter

1. Crushed Eis auf 4 Gläser verteilen.
2. Grapefruitsaft, Limettensaft, Ingwershot, Tequila, Granatapfelsaft und Ahornsirup in einen Shaker geben und kräftig durchschütteln.
3. Die Mischung in die Gläser füllen und jeweils 30 ml Ginger Ale hinzugießen. Mit Granatapfelkernen und Minzeblättern garnieren.

PASSIONSFRUCHT-MELONEN-MOJITO (ALKOHOLFREI)

Zubereitung: 15 Minuten

ZUTATEN FÜR 4 GLÄSER

1 Wassermelone
400 ml Orangensaft
4 EL Agavendicksaft
400 ml Tonic Water
4 EL Limettensaft
6 Stängel frische Minze
etwas Crushed Ice
4–6 Scheiben Bio-Limette
4 Passionsfrüchte

ZUM GARNIEREN

Limettenscheiben
Minzblätter

1. Wassermelone mit einem Entsafter entsaften. Alternativ gekauften Wassermelonensaft verwenden (400 ml) oder die Melone in einem Mixer pürieren und anschließend durch ein Sieb abseihen.
2. Orangensaft, Agavendicksaft, Wassermelonensaft, Tonic Water und Limettensaft in einen Shaker geben und gut durchschütteln.
3. Minze waschen und trocken schütteln. Von 1 Stängel die Blätter abziehen.
4. Crushed Eis in 4 Gläser (je 500 ml) füllen, jeweils 1–2 Limettenscheiben und 1 Stängel Minze hineingeben.
5. Passionsfrüchte halbieren, das Fruchtfleisch mit einem Löffel herausholen und auf die Gläser verteilen.
6. Mojito in die Gläser gießen und mit Limettenscheiben und den restlichen Minzeblättern garniert servieren.

FROZEN-HEIDELBEER-PALOMA

Zubereitung: 10 Minuten

ZUTATEN FÜR 4 GLÄSER

2 Prisen Salz
200 ml Tequila
240 ml Grapefruitsaft
400 g TK-Heidelbeeren
4 EL Limettensaft
2 EL Ahornsirup
etwas Crushed Eis

ZUM GARNIEREN

Minzeblätter

1. Salz, Tequila, Grapefruitsaft, gefrorene Heidelbeeren (einige zum Garnieren beiseitelegen), Limettensaft und Ahornsirup in einem Standmixer zu einer Art Slushie pürieren.
2. Drink in 4 Gläser füllen und etwas Crushed Eis hinzufügen.
3. Paloma mit Heidelbeeren und frischer Minze garnieren.

DALGONA-WHITE-RUSSIAN

Zubereitung: 25 Minuten

ZUTATEN FÜR 4 GLÄSER

4 doppelter Espresso oder 8 TL Instant-Kaffeepulver

160 g Zucker

etwas Crushed Ice

600–800 ml Haferdrink Barista

4 Schüsse Wodka

ZUM GARNIEREN

Kaffeebohnen

Kaffeepulver

1. 4 doppelten Espresso zubereiten und abkühlen lassen. Alternativ aus dem Instant-Kaffeepulver etwa 160 ml Kaffee zubereiten und abkühlen lassen.
2. Espresso und Zucker in eine Schüssel geben und 3 Minuten mit einem Handrührgerät oder Milchaufschäumer aufschlagen, bis eine Creme entsteht.
3. 4 Gläser zur Hälfte mit Crushed Eis füllen und Haferdrink und Wodka zugießen. Die Kaffeecreme obenauf geben.
4. Dalgona-Kaffee mit Kaffeebohnen und -pulver garniert servieren.

GENUSS-VOLLER FESTTAGS-BRUNCH

OLIVENBROT

Ruhezeit: 8 Stunden • Zubereitung: 15 Minuten • Backzeit: 40 Minuten

ZUTATEN FÜR 1 LAIB

- 325 ml lauwarmes Wasser
- 1 TL Trockenhefe
- 400 g Weizenmehl + mehr für die Arbeitsfläche und zur Weiterverarbeitung
- ½ TL Salz
- 2 TL getrockneter Oregano
- 1 Tasse schwarze entsteinte Oliven

1. Wasser und Hefe in einer Schüssel vermengen. 5 Minuten stehen lassen, bis die Hefe Bläschen schlägt
2. In einer Schüssel Mehl, Salz und Oregano vermischen.
3. Hefewasser zur Mehlmischung geben und mit dem Handrührgerät gut verrühren. Oliven in Scheiben schneiden und unterheben. Frischhaltefolie über die Schüssel legen und den Teig 8 Stunden ruhen lassen.
4. Backofen auf 220 °C Ober-/Unterhitze vorheizen.
5. Arbeitsfläche mit reichlich Mehl bestreuen und den Teig mit einem Löffel aus der Schüssel nehmen. Hände gründlich bemehlen und den Teig mehrmals übereinanderschlagen. Dabei wird reichlich Mehl benötigt, da der Teig sehr flüssig ist.
6. Ein Backpapier quadratisch zuschneiden und den Teigball darauf platzieren. Die Ecken des Backpapiers packen und das Brot damit in einen ofenfesten Topf setzen. Einen Deckel auflegen und das Brot 20 Minuten im Ofen backen. Dann Hitze auf 200 °C reduzieren und das Brot ohne Deckel in weiteren 20 Minuten fertig backen.

VEGANER FLEISCHSALAT

Marinieren: 5 Minuten • Zubereitung: 20 Minuten

ZUTATEN FÜR 4 PORTIONEN

FÜR DEN SALAT

400 g Tofu
3 EL Wasser
2 EL Rote-Bete-Saft
1 Prise Salz
1 Zwiebel
6 Gewürzgurken
2 EL frisch gehackter Schnittlauch

FÜR DAS DRESSING

100 ml Sojasahne
1 EL heller Balsamicoessig
1 TL Zucker
3 EL Gewürzgurkensud
8 EL vegane Mayonnaise
1 TL Senf
Salz und Pfeffer

1. Tofu in dünne Stifte schneiden.
2. Wasser und Rote-Bete-Saft in einer Schüssel mit dem Tofu vermengen. Mit Salz würzen und den Tofu 5 Minuten marinieren.
3. Den Tofu durch ein Sieb abgießen und mit einem Küchenpapier trocken tupfen. Gründlich trocknen, damit sich das Dressing später nicht zu sehr verfärbt.
4. Für das Dressing Sojasahne, Balsamico, Zucker, Gewürzgurkensud, vegane Mayonnaise und Senf in einer Schüssel vermengen und mit Salz und Pfeffer abschmecken.
5. Zwiebel schälen und hacken. Gewürzgurken abtropfen lassen und in Stifte schneiden.
6. Zwiebel, Schnittlauch und Gurken mit dem Tofu vermischen. Das Dressing unterheben und den Salat am besten über Nacht ziehen lassen.

VEGANE LEBERWURST

Zubereitung: 15 Minuten

ZUTATEN FÜR 4 PORTIONEN

- 1 rote Zwiebel
- 265 g Kidneybohnen (aus der Dose)
- 1 EL Olivenöl
- 2 TL getrockneter Oregano
- 200 g Räuchertofu
- 30 ml Gemüsebrühe
- 1 TL geräuchertes Paprikapulver
- 2 TL Sojasauce
- je 1 TL Salz und Pfeffer
- 3 EL kalt gepresstes Kokosfett
- 3 EL frische Schnittlauchröllchen
- 1 TL getrockneter Majoran

1. Die Zwiebel schälen und hacken.
2. Die Kidneybohnen in ein Sieb abgießen, mit Wasser spülen und abtropfen lassen. Sanft mit einem Handtuch trocken tupfen.
3. Olivenöl in einer Pfanne erhitzen und die Zwiebel mit dem Oregano darin in 3 Minuten glasig dünsten.
4. Kidneybohnen, Räuchertofu, Brühe, Paprikapulver, Sojasauce, Salz, Pfeffer und Kokosfett in einen Standmixer geben und zu einer feinen Masse pürieren.
5. Die Masse in eine Schüssel umfüllen, Schnittlauch, Zwiebeln und Majoran unterheben und mit Salz und Pfeffer abschmecken.

VEGANER BACON

Backzeit: 8 Minuten • Zubereitung: 20 Minuten

ZUTATEN FÜR 4 PORTIONEN

- 10 Stück Reispapier
- 2 EL Rapsöl
- 3 EL Sojasauce
- ½ EL Ahornsirup
- 1 TL geräuchertes Paprikapulver
- 1 TL Zwiebelpulver
- 1 TL Knoblauchpulver

1. Reispapier mit einer Schere in 2–3 cm große Stücke schneiden. Einen tiefen Teller mit heißem Wasser befüllen und die Reispapier-Stücke darin einzeln ca. 20 Sekunden im Wasser einweichen. Herausnehmen und auf einem mit Backpapier belegten Backblech platzieren.
2. Backofen auf 180 °C Ober-/Unterhitze vorheizen.
3. Rapsöl, Sojasauce, Ahornsirup, Paprikapulver, Zwiebelpulver und Knoblauchpulver in einer Schüssel vermengen und die Reispapier-Stücke damit bestreichen.
4. Das Blech in den Ofen schieben und den »Bacon« 5–8 Minuten backen. Dabei immer wieder nachschauen, denn der »Bacon« kann schnell verbrennen. Das Blech aus dem Ofen nehmen und veganen Bacon warm oder kalt genießen.

TOFU-RÜHREI

Zubereitung: 25 Minuten

ZUTATEN FÜR 4 PORTIONEN

- 250 g Kirschtomaten
- 4 Knoblauchzehen
- 3 Frühlingszwiebeln
- 400 g Tofu
- 2 EL Hefeflocken
- 1 TL geräuchertes Paprikapulver
- 1 TL Knoblauchpulver
- 1 TL Kala Namak
- 200 ml Haferdrink
- 3 EL Olivenöl
- 1 TL Meersalz
- Pfeffer aus der Mühle

1. Kirschtomaten waschen und halbieren. Knoblauch schälen und hacken. Frühlingszwiebeln putzen, waschen und hacken.
2. Tofu halbieren und eine Hälfte mit Hefeflocken, Paprikapulver, Knoblauchpulver, Kala Namak und Haferdrink in einem Standmixer zu einer feinen Masse pürieren.
3. Den restlichen Tofu mit den Fingern zerkrümeln.
4. Öl in einer Pfanne erhitzen und den Knoblauch darin scharf anbraten. Die Kirschtomaten hinzugeben und 3 Minuten braten.
5. Das Meersalz einrühren und frischen Pfeffer aus der Mühle darüberstreuen. Tomaten mit einer Gabel oder einem Pfannenwender zerdrücken. Die flüssige Tofu-Mischung hinzugeben und alles aufkochen lassen.
6. Den zerkrümelten Tofu und die Frühlingszwiebeln untermischen und bei geringer Hitze 3–5 Minuten garen. Tofu-Rührei mit Salz und Pfeffer abschmecken.

MENÜ-
VORSCHLÄGE

KLASSISCH UND TRADITIONELL

Kartoffel-Mandel-Suppe
(siehe Seite 20)

Wellington-Seitanbraten mit Orangensauce
(siehe Seite 43)

Orangenmousse au Chocolat
(siehe Seite 99)

Granatapfel-Ingwer-Paloma
(siehe Seite 115)

EASY UND SCHNELL

Blumenkohl-Apfel-Süppchen
(siehe Seite 15)

Cremige Zitronen-Edamame-Pasta
(siehe Seite 81)

Heiße Kirschtaschen
(siehe Seite 103)

Frozen Heidelbeer-Paloma
(siehe Seite 119)

BESINNLICHES WEIHNACHTEN

Veganer Knusper-Camembert mit Cranberrykonfitüre
(siehe Seite 16)

Vegane Gänsekeulen mit Bratensauce und Kartoffelknödel
(siehe Seite 72 ff.)

Haselnuss-Weihnachtsbaum
(siehe Seite 92)

Dalgona-White-Russian
(siehe Seite 120)

IT'S PARTYTIME – SILVESTER

Bruschetta mit Balsamico-Pilzen
(siehe Seite 23)

Raclette
(siehe Seite 36–39)

»No Käse«-Kuchen-Schichtdessert
(siehe Seite 100)

Frozen-Heidelbeer-Paloma
(siehe Seite 119)

ERFRISCHEND UND SOMMERLICH

*Sommerlicher Wasser-
melonensalat mit Veta*
(siehe Seite 24)

Austernpilz-Spargel-Spieße
(siehe Seite 46)

Oreo-Erdnuss-Nicecream
(siehe Seite 91)

*Passionsfrucht-Melonen-Mojito
(alkoholfrei)*
(siehe Seite 116)

MODERN UND ORIGINELL

Süßkartoffel-Quinoa-Salat
(siehe Seite 12)

Vegane Koftas mit Wildreis
(siehe Seite 51 f.)

Veganer Flan
(siehe Seite 108)

Dalgona-White-Russian
(siehe Seite 120)

REZEPTREGISTER

VORSPEISEN

Blumenkohl-Apfel-Süppchen 15

Bruschetta mit Balsamico-Pilzen... 23

Deftiger Kartoffelsalat mit Tofu-Speck 27

Kartoffel-Mandel-Suppe.......... 20

Sommerlicher Wassermelonensalat mit Veta.................... 24

Spargel-Erdbeer-Salat mit Veta und Pinienkernen............. 19

Süßkartoffel-Quinoa-Salat......... 12

Veganer Knusper-Camembert mit Cranberrykonfitüre 16

HAUPTGERICHTE

Austernpilz-Spargel-Spieße 46

Cremige Champignon-Rahm-Rigatoni.................. 55

Cremige Zitronen-Edamame-Pasta..81

Deftiges Pilzgulasch mit Räuchertofu 34

Festliches Kartoffelgratin 59

Gnocchi mit getrockneten Tomaten und Tofu-Speck 78

Hasselback-Süßkartoffel mit Protein-Nuss-Salat 49

Jackfruit-Ragout mit Spirelli....... 60

Kartoffelmix-Tarte in »No-Sahne-Sauce« 82

Kleine Brokkoli-Pfännchen........ 63

Kohlrouladen wie bei Oma 67

Pilzragout mit Wildreis und Cranberrysauce 40

Raclette 36

Semmelknödel 33

Vegane Gänsekeulen mit Bratensauce 72

Kartoffelklöße......................74

Vegane Käsespätzle 85

Vegane Koftas mit Wildreis.......... 51

Veganer Hackbraten mit karamellisierten Möhrchen 69

Vegane Pizza Margherita 75

Vegane Rouladen mit Cranberrysauce 30

Veganes Käsefondue 64

Mock-Duck-Gulasch mit Kartoffelgratin 56

Wellington-Seitanbraten mit Orangensauce 43

DESSERTS

Avocado-Schoko-Creme mit Haferkeksen 104

Haselnuss-Weihnachtsbaum 92

Heiße Kirschtaschen 103

Karottenkuchen-Ostereier 96

»No Käse«-Kuchen-Schichtdessert 100

Orangenmousse au Chocolat 99

Oreo-Erdnuss-Nicecream 91

Schoko-Kaffee-Lavakuchen 107

Spekulatius-Erdnuss-Pralinen 88

Veganer Flan 108

Wildbeeren-Crumble 95

DRINKS

Dalgona-White-Russian 120

Frozen-Heidelbeer-Paloma 119

Granatapfel-Ingwer-Paloma 115

Heißer Mokka-Vanille-Kakao 112

Passionsfrucht-Melonen-Mojito (alkoholfrei) 116

BRUNCH

Olivenbrot 124

Tofu-Rührei 130

Veganer Fleischsalat 127

Vegane Leberwurst 128

Veganer Bacon 129

ZUTATENREGISTER

A
Ananas 37
Apfel 15
Aquafaba 99
Austernpilze 40, 46, 72
Avocado 39, 104

B
Banane 91, 104
BBQ-Sauce 69, 73
Blätterteig 43, 92, 103
Blumenkohl 15
Bohnen 50, 69, 128
Brokkolli 63
Brot 23, 33, 39, 64

C
Camembert 16
Cashewkerne 23, 50, 64
Cashewmus 23
Champignons 23, 34, 39, 40, 45,
Chilischote 52
Cranberrykonfitüre 30
Cranberrys 16, 42
Cranberrysaft 16
Crème fraîche, vegan 100

D
Datteln 96
Dill 40, 50

E
Erdbeeren 19
Edamame 50, 81
Erdnussbutter 88, 91
Erdnüsse 88

F
Feta, vegan 19, 24, 46
Frischkäse, vegan 45, 82
Frühlingszwiebel 15, 19, 50, 85, 130

G
Gewürzgurken 30, 39, 127
Ginger Ale 115
Gnocchi 78
Granatapfelsaft 115
Grapefruitsaft 115, 119

H
Hackfleisch, vegan 39, 67
Haferdrink 16, 23, 33, 74, 92, 103, 107, 112, 120, 130
Haferflocken 51, 69, 95, 107
Hagebuttenkonfitüre 46
Haselnusscreme 92
Heidelbeeren 104, 119
Himbeeren 91

I
Ingwer 52, 70, 96

J
Jackfruit 60, 72

K
Kaffee 107, 112, 120
Kakaopulver 104, 107, 112
Kala Namak 82, 130
Kapern 50
Kartoffeln 20, 27, 37, 50, 59, 63, 74, 82
Karotte 34, 56, 67, 70, 96
Käse, vegan 37, 39, 59, 63, 85
Kekse 88, 91, 100, 104
Kirschen 103
Kiwi 104
Kokosmilch 15, 52, 63, 70, 81, 108
Koriander 12, 19, 51, 52
Kräuterbutter 39
Kräuterseitlinge 40
Kümmel 51, 52, 68, 72
Kurkuma 45, 52, 64, 82, 92, 103

L
Limette 12, 88, 104, 115, 116, 119
Linsen 12, 69
Lorbeer 30, 56, 60, 68, 73

M
Mais 39
Malzbier 56
Mandelmus 23, 82
Mandeln 20, 52, 92, 95, 96
Mayonnaise, vegan 127
Minze 24, 104, 116
Mock Duck 56

N
Nelken 56
Nudeln 60, 55, 81, 85

O
Oliven 39, 124
Orangen 42, 45, 99, 116

P
Paprika, eingelegt 63
Parmesan, vegan 49
Passionsfrucht 116
Pinienkerne 19, 50
Pizzateig 39, 75
Preiselbeermarmelade 37

R
Reis 42, 52, 67
Reispapier 36, 72, 129
Rote-Bete-Saft 127
Rotwein 16, 30, 60, 73
Rucola 19, 23, 50, 78,

S
Sahne, vegan 20, 40, 45, 55, 59, 82, 85, 104, 112, 127
Salatgurke 24
Schnittlauch 20, 127, 128
Schokolade 88, 96, 99, 107, 112
Seitan-Fix 43
Sojadrink 34
Sojajoghurt 46, 100
Sojasauce 27, 30, 34, 43, 45, 46, 56, 60, 68, 69, 70, 72, 73, 128, 129
Soja-Steak 30
Spargel 19, 46
Spinat 12, 81
Sprossen 23
Staudensellerie 56
Steinpilze 45
Süßkartoffel 12, 49, 82

T
Tahin 12
Tequila 115, 119
Tofu, geräuchert 27, 34, 37, 78, 128
Tofu, natur 23, 51, 75, 127, 130
Tofuwürstchen 39
Tomaten 37, 39, 50, 63, 77, 130
Tomaten, getrocknet 78
Tonic Water 116

Q
Quicheteig 82
Quinoa 12

V
Vanille 100, 108, 112

W
Walnusskerne 69
Wassermelone 24, 116
Weißkohl 67
Weißwein 40, 55, 56, 64, 70
Wildbeeren 95
Wodka 120

Z
Zimt 72, 91, 95, 96, 103
Zitrone 81, 100
Zucchini 67

ÜBER DIE AUTORIN

Nadja Kovalski ist seit 2019 Foodbloggerin für vegane und deftige Gerichte. Auf ihrem Instagram-Account veganmum.foodblog und ihrem Foodblog veganisiert sie klassische Mischköstler-Rezepte und entwickelt gesunden Fleischersatz aus Tofu und Pilzen. Jede freie Minute, in welcher sie nicht gerade kocht oder an neuen Rezepten feilt, verbringt sie mit ihren Kindern oder treibt Sport.